Elisabeth Lukas

Einmal rund um die Sonne

Elisabeth Lukas

Einmal rund um die Sonne

Begleitende Gedanken für das ganze Jahr

Mit Gedichten von Elli Michler

VERLAG NEUE STADT
MÜNCHEN · ZÜRICH · WIEN

Aus der Reihe: **LEBENSWERT!**

Klimaneutral gedruckt. Weil jeder Beitrag wichtig ist.

MIX
Papier
FSC® C083411

Mehr Bäume. Weniger CO_2.
www.cpibooks.de/klimaneutral

2016, 1. Auflage

Fotos: S. 14, 42, 72, 122, 142, 236: Klaus Honermann;
S. 96: Lisa Farkas; 164, 258: Manuela Neukirch;
S. 192: Peter Weyrich; S. 214, 282: Stefan Liesenfeld;
Gestaltung und Satz: Neue-Stadt-Grafik
Druck: cpi – Clausen & Bosse, Leck
ISBN 978-3-7346-1091-2
Auch als E-Book: eISBN 978-3-87996-433-8

www.neuestadt.com

Inhalt

Vorwort

Jeder von uns trägt gleichsam eine unsichtbare Zahl auf seiner Stirn, nämlich die Anzahl der Jahre, die ihm noch beschieden sind. Bei manchen Menschen ist es nicht einmal eine einstellige Zahl. Bei sehr jungen Menschen mag es in seltenen Fällen eine dreistellige Zahl sein. Auf jeden Fall ist es eine „abgezählte", begrenzte Anzahl von Jahren, in denen es uns noch gestattet ist, über unsere wunderschöne Erde zu wandeln. Über die Erde, die trotz ihrer Schönheit und Einzigartigkeit im ganzen Universum auch so viel Elend auf ihrer Oberfläche mit sich trägt, menschlich verursachtes und nicht menschlich verursachtes Elend. Einige Jahre Leben vor uns: Angesichts des Alters von Mutter Erde ein Hauch, ein kurzer aufblitzender Moment; angesichts des

Universums – ein Nichts. Und doch ist es alles, was wir haben: *ein bisschen Lebenszeit*.

Das wird uns mit jedem Jahreswechsel bewusster denn je. Da täuschen auch die knallenden Sektpfropfen und Feuerwerke nicht völlig darüber hinweg, denn die vielen Marzipanschweinchen, Schornsteinfegerfiguren und vierblättrigen Kleeblätter erzählen in ihrer Symbolsprache davon, dass man Glück hatte, das scheidende Jahr überlebt zu haben, und dass es wiederum einer gehörigen Portion Glück bedarf, um auch das nächste Jahr zu Ende leben zu dürfen. Das Glück aber ist leider kein zuverlässiger Kumpan. Mehr noch: Es ist weder mit Macht noch mit Geld zu bestechen, es verschließt seine Ohren jeglichem Bitten und Flehen, und wenn es seine Gaben launig versprüht, dann zeigt sich kein sinnverständiges Muster darin. Mitunter haben die Schurken dieser Welt mehr Glück als die Grundanständigen, die Alten mehr Glück als die Jungen, die Privilegierten mehr Glück als die Darbenden, was jeglichem Gerechtigkeitsgefühl zuwiderläuft. Natürlich können wir uns und unseren Lieben viel Glück zum Neujahr *wünschen*, doch klafft zwischen dem Gewünschten und der Realität ein unüberbrückbarer Abgrund. Und stets hocken wir auf der Seite der Realität – und nicht auf der Seite des uns gewünschten Glücks.

Allerdings lässt sich auch der Realität allerhand abgewinnen. Es gibt eben jenen Teil des Elends, der von uns Menschen verursacht wird und daher auch von uns Menschen unterbunden werden kann. Das gilt im Großen wie im Kleinen. Es gilt bis in die winzige häusliche Zelle hinein, in der sich der simple Alltag im Hier und Jetzt abspielt; in der wir aufstehen, uns waschen, anziehen, frühstücken usw. Stehen wir zu spät auf, waschen wir uns zu wenig, ziehen wir das Falsche an, frühstücken wir zu hastig usw., verschattet sich die Realität. Sie wird ungemütlicher, frostiger. Bestehen wir hingegen die Prüfungen des Alltags mit Geschick und Weisheit, lichten sich die Schatten, und es blinzeln wärmende Sonnenstrahlen hindurch. Dies stärkt uns für jene Herausforderungen, die den Alltag sprengen, wie folgenschwere Entscheidungen, Krisenmanagement oder einfach das tapfere Aushalten von Phasen, in denen uns das Glück abhold ist.

Die nachstehenden Texte sollen eine Art „Prüfungsvorbereitung“ für den Alltag sein. Sie begleiten die Leserinnen und Leser durch ein ganzes Jahr (durch eines ihrer „abgezählten“ Jahre), in dem sich Mutter Erde ein Mal rund um die Sonne dreht, und möchten mithelfen, viele wärmende Sonnenstrahlen für sie einzufangen. Der Fundus, aus dem die Texte schöpfen, ist der Erfahrungsschatz einer Psychologin und Psychotherapeutin, die an Tausenden Patienten beobachten hat können, was Leben unnötig verdüstert und beschwert. Leben ist schwer genug – man muss es sich nicht noch schwerer machen. Leben ist aber auch kostbar genug – auf dass man alles daransetzt, es in Würdigung anzunehmen, es auf fantasievolle Weise zu gestalten und es in Freude zu bejubeln.

Im vorliegenden Buch werden mögliche Identifikationsfiguren vorgestellt, die mit irgendwelchen Schwierigkeiten kämpfen. Ihr kostbares bisschen Leben ist (bis auf wenige Ausnahmen) gram- und leiderfüllt. Aber in all den genannten Fällen gibt es Möglichkeiten, diese Schwierigkeiten abzuschütteln und sich zu einem lebenswerten Dasein aufzuschwingen. Diese Möglichkeiten werden im Text anschaulich und nachvollziehbar beschrieben und laden die Leserinnen und Leser dazu ein, von ihnen Gebrauch zu machen, sollten sie sich in einer der vorgestellten Figuren wiederfinden.

Darüber hinaus hilft manchmal auch einfach ein Blick empor zum nächtlichen Sternenhimmel. Im staunenden Bewusstsein der gewaltigen kosmischen Vorgänge da droben, die sich in Jahrmillionen abspielen, mag so manche nagende Sorge zur Winzigkeit verglühen. Und im Vertrauen auf ein noch ganz anderes „da droben“ mag sich der Glaube erholen, dass unser so anfälliges, hinfälliges, kurzes Leben trotz allem – einen Sinn hat.

Januar

Von der Faszination des Neu-anfangen-Könnens

ZWISCHEN DEN JAHREN

Die Mittagssonne,
an wärmenden Kräften noch arm,
spiegelt von fern sich im Eise.
Auf den Feldern hockt träge der Krähenschwarm.
Die Zeit dreht sich lautlos im Kreise.

Keine Schneeflocke tanzt.
In den Häusern verschanzt
will Gewohntes das Alte bewahren;
doch pirscht sich das Neue schon mutig heran
und ängstigt sich nicht vor Gefahren.
Es hegt keine Zweifel und weiß, wie man's schafft:
Auf jeglichen Neubeginns innere Kraft
besinnt es sich zwischen den Jahren.

Elli Michler

Peter ist ein großer, athletischer Mann von dreißig Jahren. Er ist mit vielen Talenten gesegnet. So hat er zum Beispiel einen analytisch-mathematischen Verstand, ein gutes Gedächtnis, eine rasche Auffassungsgabe und ein beachtliches Allgemeinwissen. In der Schule zählte er stets zu den aufmerksamen Schülern, was sich in seinen positiven Zensuren niedergeschlagen hat. Auch besitzt *Peter* ein freundliches Naturell und ist in der Damenwelt beliebt. Man könnte somit denken, dass *Peter* herrliche Startbedingungen ins Leben hatte und immer noch hat. Er sitzt jedoch unentschlossen bei seinen Eltern herum, die ein Hotel führen, und hilft ihnen mürrisch bei der Arbeit, die er nicht mag. Privat flattert er zwischen freundschaftlichen Kontakten und gelegentlichen Unternehmungen hin und her, ohne sich zu binden oder sich einem besonderen Interesse zu widmen.

Gerda hat weit weniger günstige Startbedingungen gehabt. Während ihrer Kindheit gab es in ihrer Familie heftige Turbulenzen. Ihr Vater wurde aus politischen Gründen verhaftet, ihre Mutter floh mit den Kindern aus dem damaligen Ostblock in den Westen, zwei Brüder starben bei einem tragischen Unfall, die Familie verarmte. *Gerda* arbeitete seit ihrer Schulzeit als Wäschereigehilfin und Büglerin und wurde schließlich mit sechsundfünfzig Jahren wegen eines chronischen

Rückenleidens in Frührente geschickt. Sie ist geschieden, alleinstehend und beschließt, endlich ein angenehmes Leben nach ihren bescheidenen Vorstellungen zu führen. Z. B. malt sie sich aus, Busreisen zu buchen oder ihre inzwischen politisch veränderte Ursprungsheimat zu besuchen und nach etwaigen Verwandten Ausschau zu halten. Sie träumt von Palmen und Sandstränden am Schwarzen Meer. Aber sie unternimmt nichts, und ihre Tage verrinnen ungenützt.

Was ist los mit *Peter* und *Gerda*? Sind die beiden seelisch krank? Aber nein! Sind sie hilflos und ohne Ressourcen? Keineswegs! Sind sie in einen finsteren Erdenwinkel geworfen, aus dem es kein Entrinnen gibt? Auch nicht! Das Glück hat sich sogar herabgelassen, ihnen allerhand erbauliche Zukunftsoptionen zuzuschanzen. *Peter* hat einen gesunden, kräftigen Körper. Er hat Eltern, die ihn bei jeder nachträglichen höheren Ausbildung unterstützen würden. Er hat ein Bündel vorzeigbarer Fähigkeiten sowie ein soziales Auffangnetz für Notfälle. *Gerda* ist körperlich nicht mehr so fit, aber dennoch mobil genug, um ihre Reisesehnsucht zu befriedigen. Sie hat jetzt Zeit, ist vom Zwang, arbeiten zu müssen, befreit und hat sich einige finanzielle Reserven geschaffen. Außerdem hat sie noch innere Bezüge zu ihrem Herkunftsland, versteht seine Sprache, träumt von einer Erkundungsfahrt zu ihren Wurzeln. Also, was ist los mit ihr und *Peter*?

Die beiden haben offensichtlich Schwierigkeiten mit dem Anfangen, wobei *Peters* Schwierigkeit noch um eine Nuance größer sein dürfte. Er hat nämlich nicht einmal eine Vision von dem, was er anfangen könnte – mit sich, seinem Leben, seinen Gaben, seiner Zukunft. *Gerda* hingegen hat wenigstens eine Vision. Nur: Visionen entraten zu „Luftschlössern", verfallen zu leeren Utopien, wenn sie nicht integriert werden in die Dynamik aktiver Initiativen und nicht angezurrt werden an einem bestimmten Punkt in einem Schrittekontinuum, das im Heute beginnt. Das heißt, was *Peter* vermisst, lässt *Gerda* versanden.

Welches Hindernis türmt sich zwischen den beiden Personen und ihren Neuanfängen auf? Ist es die Angst? Die Angst vor dem Unbekannten, befremdend Neuen, garantielosen Wagnis? Vielleicht. Ist es die Mühe, sich aufzuraffen und aus den eingerosteten Gleisen auszuscheren? Vielleicht auch das. Ist es die fehlende Bereitschaft, auf vertraute Bequemlichkeiten zu verzichten und sich zu erwartende Anstrengungen aufzuladen? Gut möglich. Ist es das Schreckgespenst „Eigenverantwortung", das allen klar getroffenen Entscheidungen anhaftet? Wahrscheinlich ist es ein fataler Mix aus alledem, eine lähmende Mischung, die suggeriert, lieber eine gewohnte Misere beizubehalten, als ein ungewohntes Terrain zu betreten, das sich als noch misslicher – aber auch als wesentlich bekömmlicher und froh machender entpuppen könnte. Ohne Risiko sind eben keine Novität und auch keine persönliche Weiterentwicklung zu haben.

Ein Jahreswechsel wäre der richtige Zeitpunkt für die beiden Personen, Bilanz zu ziehen und ihre Lage zu überdenken. *Peter* stiefelt ins einunddreißigste Lebensjahr hinein. Wenn er nicht bei der von ihm eher abgelehnten Hotelarbeit hängen bleiben will, wird es höchste Zeit, Alternativen ins Auge zu fassen. Es reicht in keiner Sparte des Lebens, zu wissen, *was man nicht will*. Auf ein frei fluktuierendes Nein erntet man stets ein „Nicht genügend".

Die wirklich bedeutenden Neins sind samt und sonders jene, die über den Buckel eines noch viel bedeutungsvolleren Jas hinunterrutschen. Spricht etwa jemand an einem Sonntag ein volles und ehrliches Ja zu einem Fahrradausflug, dann sagt er gleichzeitig mit leichtem Herzen und fester Stimme Nein zum Rest all dessen, was er an demselben Sonntag auch hätte tun können, vom Sich-Ausschlafen, bis zum Buch-Lesen, Im-Garten-Werkeln, Freunde-Einladen, Menü-Kochen usf. Die Neins bilden praktisch die Kehrseite des Jas, sie leiten sich lückenlos aus dem *einen* Ja ab, das

Gültigkeit besitzt. Umgekehrt aber leitet sich ein Ja aus keinem einzigen Nein ab. Wer beschließt, am Sonntag sicher kein Menü zu kochen, hat nichts wirklich beschlossen. Dieses *eine* Nein setzt ihn nicht aufs Fahrrad, nicht zum Buch, nicht in den Garten und nicht zu seinen Freunden. Es erweist ihm keinen Dienst, es „genügt nicht".

Peter muss folglich herausfinden, *was er will*, und nicht, *was er nicht will*. Es ist ihm dringend zu raten, sich für eine Weile in die Stille und Abgeschiedenheit einer verschneiten Berghütte oder eines Klosters zurückzuziehen, um mit sich ins Reine zu kommen. Er muss aus dem Alltag heraus, um seine geistige Beweglichkeit anzukurbeln. Denn Alltag ist Wiederholung ein- und desselben, ist Routine, die automatisch und ohne langes Überlegen verrichtet wird. Alltag ist Abspulen von Gewohnheiten, was im Normalfall entlastend ist, weil nicht für jede Einzeltätigkeit ein hellwaches Bewusstsein gebraucht wird. Den Alltag absolviert man bei einiger Übung quasi „im Schlaf". Aber gerade dies ist Gift für *Peter*. Denn er soll ja aus seinem schläfrigen Zustand aufwachen und sein Leben konstruktiv in die Hand nehmen. Also hinaus mit ihm aus der althergebrachten Lethargie und hinein in ein Abseits, für das er keine Gewohnheiten parat hat, hinein in ein so ablenkungsfreies Milieu, dass er mit sich selbst und mit sonst nichts konfrontiert ist – und gezwungen ist, sich selbst und seinen Werdegang genauer zu erforschen.

Jedem Menschen wohnt eine innere Stimme inne, die ihn leitet. Es ist ein leises Stimmchen, dafür aber unbeirrt und autark, das heißt, nicht identisch mit äußeren Einflüsterungen. Der Seelenarzt und Philosoph *Viktor E. Frankl* hat es unser „prämoralisches Wertverständnis“ genannt, das „aller expliziten Moral wesentlich vorgängig“ sei. Damit meinte er, dass diese Art von innerer „Gewissensstimme“ nicht der herkömmlichen Interpretation entspricht, wonach sie durch die Erziehung gebildet wird und die jeweils geltenden Gesellschaftsmaximen repräsentiert. Derlei gibt es schon auch: die eingetrichterte Stimme der aktuellen Kulturepoche; aber *diese* Stimme ist eben *nicht autark*. Mutter und Vater erklären dem heranwachsenden Kind, was es zu tun und zu unterlassen habe, später übernehmen die Lehrer und Rechtshüter dieselbe Aufgabe – alles Bemühen in der Absicht, dass das Gelernte vom Lernenden akzeptiert werde, was in begrenzten Maßen auch gelingt. Dennoch bleibt jene eigene kleine innere Stimme im Menschen lebendig, die sich nicht an Mutters, Vaters oder Rechtshüters Instruktionen orientiert, sondern Weisungen aus höherer Ebene empfängt und an die Person weiterleitet. „Die Person wird durchtönt und durchklungen (das lateinische Wort ‚personare' heißt durchtönen, durchklingen) vom Anruf der Transzendenz", hat *Frankl* kühn behauptet. Diese leise innere Stimme kann sich decken mit den herrschenden Zeitströmungen, sozialen Sitten und Gebräuchen - oder auch nicht, sie kann sich decken mit den individuellen Neigungen und Vorlieben der Person - oder auch nicht, und sie hat ihre eigenen Argumente, die sich unter Umständen reiner Logik verschließen. Sie erzählt schlicht und einfach vom *nächsten* sinnvollen Schritt, der von der Person zu setzen wäre; von dem *Einen*, das *jetzt* unaufschiebbar notwendig ist und nur von dieser Person und von niemand anderem stellvertretend für sie erfüllt werden kann. Sie spürt dem Sinn unserer gegenwärtigen Situation nach, sie ist unser „Sinn-Organ" (*Frankl*).

In der Einsamkeit einer verschneiten Berghütte oder eines Klosters würde *Peter* mit dieser seiner inneren Stimme wieder in Berührung kommen. Leises wird in der Stille hörbarer. Und so würde er nach ein paar Tagen ungewohnten „Alltagentzugs" und irritierendem Fehlen von Ersatzbeschäftigungen vielleicht an jenen Punkt selbstkritischen Nachdenkens gelangen, an dem ihm offenbar wird, was *jetzt* unaufschiebbar notwendig ist. Was *Seines* ist, was einzig und allein Sinn hat.

Vermutlich stünde zunächst die Frage an, ob er weiterhin im Hotel seiner Eltern mitarbeiten soll. Dass ihm die Arbeit dort keinen Spaß macht, ist für sich allein noch kein Anti-Sinnkriterium. Es könnte dennoch sinnvolle Motive dafür geben. Ein Dank an die Eltern, eine tatkräftige Unterstützung der Eltern, eine spätere Übernahme des Hotelbetriebs, eine geplante Umgestaltung des Hotels u. Ä. könnten es als sinnvoll definieren, im Hier und Jetzt durchzuhalten. Allerdings müsste *Peter* sich in diesem Fall ein echtes und verbindliches Ja zur Fortführung seiner Mitarbeit im Hotel abringen. Ein Ja, das auf derart soliden Füßen steht, dass sämtliche Neins zu verlockenden beruflichen Alternativen leicht über den Buckel des Jas hinunterrutschen, ohne dass er ihnen nachtrauern würde. Auch *das* wäre ein absoluter Neuanfang: In den Alltag wie gehabt zurückkehren – mit einer völlig neuen Einstellung. Nämlich mit der Einstellung, dass die Arbeit selbst zwar wenig befriedigend ist, aber *gewollt* und *bejaht* wird aus einem bestimmten Grunde; gewollt und bejaht wird und darum künftig ohne seelischen Widerstand in Ausgeglichenheit verrichtet werden kann.

Es könnte in der verschneiten Berghütte oder im Kloster aber ebenso gut anderes ans Tageslicht kommen. Vielleicht weist das innere Stimmchen *Peter* vehement auf seine brach liegenden Talente hin. Vielleicht favorisiert es den Ausstieg aus der Hotelbranche. Am Ende ist es überhaupt nicht nötig, den Eltern zu helfen, oder gerade umgekehrt: dass die Eltern bisher ihrem „in der Luft hängenden“ Sohn geholfen haben und froh wären über eine Veränderung der Sachlage. Vieles ist denkbar, aber nur *Eines* ist richtig, und wenn *Peter* sorgfältig lauscht, wird er es in seinem Innersten erkennen.

Angenommen, das Nein zur Hotelarbeit wäre fix, was dann? (Wir wissen schon: nein = nicht genügend!) Dann wird die „Sinnsuchmaschine“ angeworfen und *Peters* Aufenthalt in der Stille um eine Woche verlängert. Hellseherisch in die Zukunft schauen kann auch das prämoralische Wertverständnis des Menschen nicht, aber den *nächsten sinnvollen Schritt* hat es, wenn es nicht gestört wird, gut im Visier. *Peter* müsste nur zur Ruhe kommen. Durch den Schnee stapfen, bei Kerzenlicht meditieren, sich entspannen beim Duft gebratener Äpfel ..., und dabei seine Lebensgeschichte Revue passieren lassen. Da gibt es Funken, die in der Asche der Vergangenheit glimmen. Was hat einmal sein Blut aufwallen lassen? Seine Begeisterung entfacht? Ihn in einen seligen Taumel versetzt? Was hat ihn einst bei der Lektüre brennend interessiert, in der Schule zum Aufhorchen gebracht, sein Selbstbewusstsein gestärkt, seine Lebensgeister geweckt, seine Hoffnungen angeregt? Es muss ihm längst begegnet sein, dasjenige, was auf ihn wartet in Exklusivität, dasjenige, wofür er geeignet ist, was seinen Kräften und Fähigkeiten zugepasst ist wie kaum jemandem sonst. Wann hat er das Gefühl erfüllten Daseins gehabt, und sei es bloß für Minuten gewesen? Funke für Funke ist die Asche des Vergangenen zu durchforsten – nicht nach Misslungenem, Traumata und sonstig Abgestorbenem (etwa in psychoanalytischer Manier), sondern nach den „Highlights", den unvergesslichen Augenblicken des Eins-gewesen-Seins mit sich und der Welt. Sie werden sich zeigen, sie zeigen sich bei jedem, der danach fahndet. In unzähligen Patientenberichten waren sie herauszufiltern, diese noch glühenden Funken in der Asche eines gelebten Lebens, die man anblasen kann und die wieder auflodern, sobald sie neue Nahrung erhalten.

Greifen wir modellhaft ein Szenarium heraus. *Peter* erinnert sich plötzlich an Stunden, in denen er über kniffligen mathematischen „Rätseln" gesessen ist, total an sie hingegeben und in sie versunken. Welche Lust war es doch, die ausgeknobelten Lösungen seinen Mitschülern zu erläutern! Das kann er gut, selbst die kompliziertesten Gleichungen und Funktionen vermag er geduldig zu erklären. Ach, Nachhilfe geben im Rechnen, das wäre was! Und Sport hat er auch gemocht … – warum hat er eigentlich damit aufgehört? Im

Nachsinnen entdeckt er, dass ihm Sport in der Gemeinschaft gefallen hat, besonders mit anderen Kindern zusammen … Überhaupt hat er einen Draht zu Kindern. Einmal hat er eine Pfadfinder-Jugendgruppe begleitet, das war ein Spaß! Gerade die Kleinen hatten es ihm angetan. Am liebsten wäre er Erzieher, „Kindergärtner“, wie es seinerzeit hieß, aber in dem Beruf gibt es doch kaum Männer; wäre das nicht etwas komisch? Gewiss nicht! Auch mit Grundschülern würde er gerne arbeiten …: Denen würde er das Einmaleins flugs beibringen, geradezu im Spiel, und für den Sportunterricht könnte er sicher viele begeistern …

Langsam formt sich für *Peter* ein noch nebulöser neuer Lebensweg. Seine leise innere Stimme, die auf nächste Schritte programmiert ist, wispert immer deutlicher, an welchen Leitlinien es entlanggehen soll: Erkundigungen einziehen über Berufe mit Kindern verschiedener Altersgruppen, über Lehrverpflichtungen in Mathematik und Sport, ein offenes Gespräch mit seinen Eltern, eine Entscheidung und die Einschreibung in ein entsprechendes Studium, eine Finanzierung durch Nachhilfestunden … Es wäre ein *anderer Peter*, der aus der verschneiten Berghütte oder dem Kloster nach Hause zurückkehren würde, ein *entschlossener Peter*, der endlich weiß, *was er will*, und damit beginnt, es in die Tat umzusetzen.

Im Unterschied zu ihm müsste *Gerda* nicht ins „Abseits“. Sie weiß ja, was sie will, sie findet bloß den Starthebel nicht. Dazu würde es genügen, ihre „Träume“ zu intensivieren und zu konkretisieren. Da ist ihr Reisetraum: Wie sieht er genau aus? Sie setzt sich bequem aufs Sofa, streckt die Beine aus, atmet tief durch, schließt ihre Augen. Reisen, Busreisen … – warum mit dem Bus? Sie kennt sich nicht gut aus in den Bahnhöfen mit den vielen Ansagen, Gleisen, Zügen …; nein, das wäre ihr zu viel Aufregung. Aber ein Bus, in den man an einer Einstiegsstelle zusteigt und der einen ans Ziel bringt, das stellt sie sich lustig vor; es wird ihr auch nicht übel, wenn der Bus während der Fahrt ein bisschen schaukelt: Sie mag das. Nur, was macht sie am Ankunftsort? Allein ein Hotel zu suchen, dünkt sie schwierig. Und was soll sie besichtigen? Sie weiß von nichts … Allerdings hat sie gehört, dass es begleitete Busfahrten für Senioren gibt, bei denen sich jemand um alles kümmert. Sogar mit einem gemeinsamen Besichtigungsprogramm! Das wäre himmlisch! Aber wo soll es hingehen? Sie überlegt nicht lange. Ans Meer! Es ist Jahrzehnte her, dass sie das Meer gesehen hat. Damals ist ihr Mann mit ihr an die Adria gefahren, wo sie in einer Bucht campiert haben. Nachmittage lang saß sie am Strand, hat gehäkelt und immer wieder in die Wellen geschaut, den Möwen zugesehen, die frische Brise genossen und sich hie und da im Wasser abgekühlt. Herrlich braun ist sie damals geworden, während ihr Mann herumflaniert und durch die Kneipen des nahen Fischerdorfes gezogen ist. Ach, die Sonnenbräune hat ihr so gut gestanden – zu dem gelben Sommerkleid, das sie immer noch hat. In irgendeiner Schublade müsste sogar eine Fotografie von damals liegen … Der Gedanke lässt sie nicht mehr los. Sie springt auf und findet nach einigem Kramen das Bild von sich selbst im gelben ärmellosen Kleid, mit braunen Armen und lachendem Gesicht und einem Zipfel Meer im Hintergrund. Sie legt das Foto auf den Tisch und beschließt, gleich morgen im Reisebüro in der Parallelstraße vorzusprechen. Dort kann man ihr bestimmt sagen, wer solche begleitete Busfahrten für ältere Menschen anbietet, und ob es darunter Fahrten ans Meer gibt.

Wieder auf dem Sofa ausgestreckt, „träumt" sie weiter. Wenn sie schon im Reisebüro ist, könnte sie noch mehr erfragen. Ihre Heimatstadt im fernen Land – wäre das sehr kompliziert mit einem Flug dorthin? Sie ist noch nie mit einem Flugzeug geflogen, aber wenn man es ihr genau erklären würde? Hilft einem jemand am Flughafen? Fragen schadet ja nichts. Und schließlich – in der alten Heimat hätte sie noch eine Freundin aus der Kindheit, die sicher kommen würde, sie abzuholen. Sicher? Vielleicht ist ihre Freundin krank, vielleicht hat sie sie inzwischen vergessen? Warum bloß ist der Briefwechsel mit ihr eingeschlafen? *Gerda* sollte wieder Kontakt zu ihr aufnehmen … Auch dieser Gedanke scheucht sie aus der Ruheposition auf. Sie hat doch die Adresse der Freundin in einem ihrer abgelegten Notizbücher … Bald liegt auch dieses neben dem Foto auf dem Tisch. Richtig, da ist die Adresse! „Also“, flüstert ihre innere Stimme, und zwar ausnahmsweise ziemlich gebieterisch, „setz dich hin und schreib einen netten Brief an deine Freundin aus Kindertagen! Erkundige dich, wie es ihr geht, und berichte aus deinem Leben! Morgen führt dich der Weg zum Reisebüro sowieso an der Post vorüber, da gibst du den Brief auf. Dann lässt du dich überraschen …“

Es könnte sein, dass morgen eine andere *Gerda* aufsteht als heute, nämlich eine fröhliche und mutige *Gerda*, bereit, ihrem eintönigen Leben eine abenteuerliche Wende zu geben.

* * *

Im Unterschied zu den beiden erwähnten Personen sind *Hannes* und *Tina* aus ganz anderem Holz geschnitzt. Sie haben mit dem Anfangen kein Problem. Speziell *Tina* ist eine begeisterte „Anfängerin" und hat in ihrem Leben schon eine beachtliche Menge Anläufe ausprobiert. Allein im letzten Jahr hat sie sich in zwei Sprachkurse eingeschrieben, bei einer Partnerschaftsvermittlung angemeldet, einen Tanzkurs begonnen und die Mitgliedschaft in einem Wanderverein beantragt. Sprachkurs Nummer 1 hat sie nach acht Wochen abgebrochen, Sprachkurs Nummer 2 nach zwölf Wochen. Die Lernerei war ihr zu stressig. Die Partnerschaftsvermittlung hat sie nach einem halben Jahr gewechselt und ist mit der nunmehr gewählten auch nicht zufrieden. Zum Tanzkurs geht sie noch manchmal hin, aber da sie wegen ihrer Versäumnisse die Schrittformationen nicht gut beherrscht, will sie demnächst damit aufhören. Und das Wandern ist ihr längst langweilig geworden. Auf ähnliche Weise hat sie beruflich allerlei unternommen, ist aber mit ihren 26 Jahren noch nicht schlüssig geworden, auf welchem Gebiet sie überhaupt arbeiten möchte. Vor Kurzem hat sie in einem Supermarkt eine Einschulung zur Feinkostverkäuferin begonnen, aber schon erwägt sie wieder, ihre Lehre zu stornieren, weil sie sich einmal an der Wurstmaschine geschnitten hat.

Auch *Hannes* hat kein Durchhaltevermögen. Bei ihm dauert es stets eine Weile, bis er einen neuen Anlauf unternimmt, dafür zögert sich auch der Abbruch dieses neuen Anlaufs länger hinaus. Der

Elan, mit dem er eine Sache angeht, verlässt ihn ziemlich rasch. Anfangs ist er durchaus willig, ein angestrebtes Ziel zu verfolgen, aber mit nachlassender Spannkraft wird er zusehends fauler und desinteressierter, bis er jämmerlich aufgibt. Dadurch hat er sich zeitlebens seine Karriere verpatzt. Er hätte bei der Stadtverwaltung Aufstiegsmöglichkeiten gehabt, die er platzen ließ, er hätte sich bei einer Versicherungsgesellschaft zum Revisor fortbilden können, wenn er nicht vorzeitig gekündigt hätte, und ist schließlich in einem Kartenbüro gelandet, aus dem er einen neuerlichen Ausbruch plant. Jetzt ist er knapp über vierzig Jahre alt und hat nach einigem Suchen die Chance, in einer Anwaltskanzlei als Gehilfe anzufangen mit der Option, sich in Rechtsfragen weiterzubilden. Er frohlockt über diese Chance, aber wird er bei der Stange bleiben?

Naturgemäß stagnieren *Hannes* und *Tina*. Wer von jeder Sprosse, die er erklimmt, wieder abspringt, kommt auf der Sprossenleiter nicht höher hinauf. Er kann sich die Welt nur „von unten" ansehen, und das trägt nicht dazu bei, dass Lustlosigkeit und Frustration von ihm weichen. Vor allem aber ist es der Wettlauf mit der Zeit, der droht, verloren zu werden. Denn die Zeit rückt unerbittlich voran, und für alles ist es irgendwann einmal zu spät. Zu spät, um Sprachen zu lernen, zu tanzen, zu wandern, sich privat oder beruflich zu etablieren. Zu spät, um sich in einem Fachgebiet zu spezialisiern. Freilich kann man selbst im Alter noch manches nachholen, doch bekanntlich wird es rapid schwerer, sich wirklich in eine Sache zu vertiefen bzw. tragfähige Bande zu knüpfen, wenn man das nicht beizeiten trainiert hat.

Was läuft schief bei *Hannes* und *Tina*? Sie starten doch frisch und munter, von keiner Angst gehandikapt, von keiner Unentschlossenheit zurückgehalten, mit respektablen Motiven. Und trotzdem stottert ihr Antriebsmotor alsbald und erstirbt. Es ist, als würden sie vergessen, nachzufüllen - nicht Benzin, sondern *Disziplin*, nämlich *Selbstdisziplin*. Wer ist „die Dame des Hauses", wer ist „der Herr im Haus"? Nicht die Person selbst? O je, das gibt Ärger!

Die Seele des Menschen ist ein komplexes Gebilde, vergleichbar mit einem mehrstöckigen Gebäude. Da sind die Fundamente, Betonmauern, Gänge, Dachgeschoße, die das Gebäude strukturieren. Sie stellen gleichsam den Körper dar, der mit seinen Organen und Funktionen alles aufrechterhält. Ferner gibt es die Inneneinrichtung der einzelnen Zimmer, die teils (genetisch) übernommen und teils (lernend) dazu erworben wurde: das psychische Imperium. Die Zimmer können einheitlich oder uneinheitlich ausgestattet sein, modern oder altmodisch, gefühls- oder verstandesbetont, behaglich oder ungemütlich. Sie können karg oder vollgestopft sein, gefüllt mit brauchbaren Dingen oder mit Müll. Was sich in der Psyche so alles ablagert im Laufe eines Lebens, ist enorm – eine ganze Palette von unauslöschlichen Traumata bis zu Juwelen ekstatischer Glückseligkeit. Dennoch wäre das ganze Gebäude mitsamt seiner Inneneinrichtung noch keine *spezifisch menschliche* Wohnstätte, gäbe es nicht die darin wohnende *geistige Person*, die ihre Zimmer (hoffentlich!) benützt, aufräumt, lüftet, verändert …, eben zu *ihren* ureigenen Zimmern macht. So wie kein Wohnraum mit einem anderen völlig identisch ist, so gestaltet jede Person ihre „Inneneinrichtung" auf individuelle Art. Und so, wie jeder Wohnraum etwas über seinen Besitzer aussagt, so drückt sich die psychophysische Gesamtverfassung eines jeden Menschen in seinem Lebensstil und in seiner Kunstfertigkeit aus, Ererbtes und Erworbenes zu einer noch nie da gewesenen Kombination zu vereinen.

Es ist die Aufgabe der Person, ihr „Wohngebäude" nicht zu vernachlässigen und die Zimmer nicht in schlechtem Mief verstauben zu lassen. Dazu bedarf es eines Minimums an Ordnungsliebe und Disziplin. Unbrauchbares gehört konsequent ausgemistet. Wertvolles gehört regelmäßig gepflegt. Falschen Strebungen ist Widerstand zu leisten. Kreative Eingebungen sind ernst zu nehmen. Ein gelegentlicher liebevoll-prüfender Blick in die eigene „Innenarchitektur" ist ratsam. Es liegt an der Person, mit ihrem Körper und ihrer Psyche so umzugehen, dass sie in sich selbst gut wohnen kann.

Tinas liebevoll-prüfender Blick zum Beispiel würde ihr eröffnen, dass sich ihre bisherigen Verschönerungsversuche stets auf eine winzige Zimmerecke beschränkt haben. Aber niemand fühlt sich wohl in verwahrlosten Räumen mit einer blank geputzten Ecke. Wollte sie „Herrin ihres Hauses" sein, müsste sie zunächst Zimmer für Zimmer inspizieren. Das Zimmer der Mobilität – was findet sich darin? Wandern ist schon zerbröckelt, Tanzen droht zu vergammeln. Im Zimmer der Beziehungen gähnt große Leere. Im Zimmer der Kultur welken ein paar Sprachkenntnisse vor sich hin. Im Zimmer der Berufstätigkeit liegen mehrere Prospekte übereinander, wobei der zuoberst liegende gerade dabei ist, auf den Boden zu rutschen.

Was ist also zu tun? Ärmel hochkrempeln und das Lebensgebäude wohnlich machen! Nur mit Lust allein kann man leider keine schöne Wohnung erhalten. Wer hat schon Lust, Geschirr abzutrocknen, Fenster zu putzen oder den Boden zu schrubben? Das bedeutet im übertragenen Sinne, *Tina* müsste sich einiges abverlangen, das ihr zwar im Moment keine Lust bereitet, dafür aber mehr Lust in der Zukunft verspricht. Da ist das Zimmer der Mobilität – wie wäre es mit einer regelmäßigen Fortsetzung ihres Tanzkurses? Zwei oder drei Privatstunden beim Tanzlehrer könnten sie schnell auf das aktuelle Niveau bringen. Tanzen ist etwas Animierendes für junge Leute und ermöglicht zudem unbeschwerte Kontakte zum anderen Geschlecht. Was ins Zimmer der Beziehungen hinüberführt: Liebesbeziehungen kann man nicht erzwingen. Vielleicht ist eine Pause bei der Partnersuche angezeigt. Manchmal ist es klug, erst mit sich selbst ins Reine zu kommen und dabei gelassen auf den Zufall zu vertrauen. Seit jeher war er der beste Ehestifter. Auch kulturelle Betätigungen erhöhen die Wahrscheinlichkeit für Begegnungen mit Gleichgesinnten. Deshalb sollte im Kulturzimmer zumindest *ein* Sprachkurs reaktiviert werden. *Tina* hat ja nicht ohne Grund Sprachkurse ausgewählt. Offenbar liegen ihr Fremdsprachen, fühlt sie sich zu ihnen hingezogen. Noch wäre sie jung genug, um sich eine davon fließend anzueignen, vielleicht diejenige, an der sie schon zwölf Wochen gebüffelt hat. Sprachen schenken Möglichkeiten für spannende Urlaube, Auslandsprojekte, sogar berufliche Umorientierungen. Klar, dass sie neben Mühe auch Geld kosten. Deswegen wäre es schade, die Arbeit im Supermarkt hinzuschmeißen, zumal diese einen wichtigen Ausgangspunkt im Zimmer der Berufstätigkeit bilden könnte. Überall lernt man etwas. *Tina* kann dort lernen, Maschinen mit Vorsicht zu handhaben, Kunden mit Geduld zu bedienen, Waren mit Sorgfalt zu arrangieren, ein Einsatzfeld mit Ausdauer zu verteidigen. Wenn sie das alles kann, noch dazu eine graziöse Tänzerin ist, die eine Fremdsprache beherrscht, dann – ja dann wäre wieder ein neuer Anfang zu überlegen. Denn dann steht sie um etliche Sprossen höher auf der Leiter, und die nächste Stufe winkt ihr zu. Aus einem wohnlichen Zuhause kann man anders in die Zukunft starten.

Wenn *Hannes* mit liebevoll-prüfendem Blick Lebensbilanz zieht, muss er sich eingestehen, dass in seinen Zimmern lauter halbfertige Sachen herumliegen, die nicht zu brauchen sind, und deren Datum abgelaufen ist. Vielleicht kann ihn das Wort „Datum“ motivieren, mit sich selbst einen Vertrag zu schließen. Bis zum nächsten Neujahr wird in der Rechtsanwaltskanzlei fleißig gearbeitet – ob es ihm Spaß macht oder nicht, ob er Ausreden für eine vorzeitige „Flucht“ findet oder nicht. Wo steht überhaupt geschrieben, dass er einen Anspruch auf „Lust“ bei seiner Arbeit hätte? Im Vertrag jedenfalls nicht. Müssen nicht Tausende Menschen extrem schwere körperliche Arbeiten verrichten, nur um nicht zu verhungern?

Gibt es nicht weitere Tausende Menschen, die verzweifeln, weil sie *nirgends* Arbeit bekommen und auf Almosen angewiesen sind? Und gibt es nicht nochmals Tausende Menschen, die wegen gravierender Behinderungen *nicht arbeiten können*, obwohl sie es gerne würden? Will er, der „Glückspilz", dem sich ganz unverdienterweise eine konkrete Entwicklungs- und Einkommenschance aufgetan hat, wirklich einen Rückzieher machen, sobald ihm eine Kleinigkeit an dieser Chance nicht mehr behagt?

Nein, er verspricht sich selbst in die Hand, diesmal den Herausforderungen eisern standzuhalten. Das erste fertiggestellte Stück soll sein „Lebenszimmer" schmücken. Statt abwegigen Ansprüchen stehen noch ein paar Tipps für den Notfall im Vertrag. Da steht zum Beispiel: „Bei langweiligen Tätigkeiten kannst du immer mit dir selbst in Wettbewerb treten! Setze dir eine hohe Leistungsgrenze und sei gespannt, ob du sie erreichst!" Darunter steht: „Bei unangenehmen Tätigkeiten denke an die Bettler, Unterernährten, Siechen, Flüchtlinge, Katastrophen- und Kriegsopfer, die zur Schande der Menschheit unseren Globus bevölkern, und murmle im Abgleich mit ihnen ein leises Dankgebet vor dich hin!" Abschließend ist vermerkt: „Sollte dir die Arbeit einmal gar keinen Spaß machen, vergiss die Vorfreude auf das Danach nicht! Je gemütlicher und erholsamer du die Zeit *nach* deiner täglichen Arbeit gestaltest, desto mehr Kraft fließt dir zu, im Vorgeschmack darauf alles Notwendige beharrlich zu erledigen."

Mit Hilfe dieses Vertrages könnte *Hannes* beim nächsten Jahreswechsel auf einen großen persönlichen Erfolg zurückblicken, der ihn mit Stolz erfüllt und veranlasst, den Vertrag mit sich selbst ohne zu zögern um ein weiteres Jahr zu verlängern.

* * *

Der Januar ist ein langer Monat, lang genug, um über den „Zauber" des Anfangens (Hermann Hesse) nachzudenken. Aus den obigen Reflexionen schälen sich zwei Kerneinsichten heraus:

1. *Es ist besser, etwas Neues anzufangen, als auf der Stelle zu treten.*

2. *Es ist besser, Weniges anzufangen als Vieles, das Wenige jedoch durchzuziehen.*

Freilich muss man in Kauf nehmen, dass sich manch Angefangenes später als „taube Nuss", als Fehlentscheidung herausstellt. Das ist nicht zu vermeiden. *Wir Menschen sind schwach im „vorhersehen"*. Was sich rückblickend – wenn man die

Ergebnisse bereits kennt – als folgerichtig präsentiert, ist vorausblickend verschwommen oder völlig verhüllt. Man versteht oft erst im Nachhinein die Zusammenhänge von Ereignissen oder glaubt zumindest, sie zu durchschauen, was gelegentlich mehr Deutung als Wissen ist. Insbesondere nach Unglücksfällen suchen alle Leute schnell nach Schuldigen, die diese Unglücksfälle hätten vorhersehen und verhindern müssen. Geht zum Beispiel eine Bank pleite, hätten die Leitungsgremien die sich anbahnende Gefahr beizeiten erkennen müssen. Stürzt eine Brücke ein, hätten die Aufsichtsbehörden längst Alarm schlagen müssen. Kriselt es zwischen Nachbarländern, hätten die Politiker früher gegensteuern müssen ... Das eigentliche Unglück besteht darin, dass man de facto Unglücke äußerst selten rechtzeitig zu erahnen vermag. Nur die notorischen Schwarzseher haben diesbezüglich einen Bonus: Weil sie ständig negative Vorkommnisse wittern, sind unter ihren pessimistischen Einschätzungen Zufallstreffer, an die die Optimisten nicht im Entferntesten denken.

Obwohl nicht nur „alle *Blumen* der Zukunft in den Samen von heute sind", wie ein chinesisches Sprichwort besagt, sondern auch alle *Dornen* in den heutigen Samen stecken, lohnt es sich dennoch, „auszusäen" und Neuanfänge zu wagen. Leben ist Bewegung, und geistiges Leben ist es erst recht. Was sich nicht bewegt, erstarrt. Wer sich nicht bewegt, erlahmt. Und schließlich sind wir trotz aller Unwägbarkeiten nicht ohne richtunggebende Impulse von außen und von innen. Speziell unsere inneren Impulse, die sich aus Gefühl und Verstand, Intuition und Gewissen zusammenbrauen, in der Stille reifen und in Stetigkeit bei uns anklopfen, verdienen unser Gehör. Sie erweisen sich fast immer als goldrichtig.

Gesätes muss allerdings wachsen dürfen. Auch die Blumenblüten entsprießen nicht unmittelbar den Keimen aus der Erde. Und auch wenn der „Zauber" des Neuanfangs allmählich verraucht, ist es daher nötig, dem Angefangenen die Treue zu halten und es kontinuierlich weiterzuführen. Es ist keine Frage, dass dies Plage und Disziplin verlangt, weswegen sich empfiehlt, nur *Weniges* in Abständen neu anzufangen, dieses Wenige aber mit ganzem Herzen (und halber Gewissheit) zu verwirklichen.

Gewiss ist ja nichts auf Erden – außer dem: Was niemals angefangen wurde, kann niemals vollendet werden.

Februar

Von der Freude, die in keinem Leben fehlen soll

IM LAUF DER ZEIT

Im Lauf der Zeit
lernst du die Menschen kennen,
wirst fähig erst zu unterscheiden
Schein und Sein.
Bald wirst du dann von ganz allein
von Überwundenem
dich ohne Tränen trennen.
Im Lauf der Zeit wirst du zu lachen lernen
dort, wo du früher einmal weintest.
Und wo du einst zu wissen meintest,
musst du die harte Nuss
vielleicht erst noch entkernen.

Elli Michler

Die Tatsache, dass das Fortführen eines begonnenen Projekts nicht vom Grad des „Lusthabens“ abhängig gemacht werden darf, weil das Projekt sonst ins Trudeln gerät, leitet über zum Thema „Lebensfreude“, die bei allem Fleiß und aller Disziplin dennoch nie untergehen soll. Die Freude ist nahezu ein Wunderelixier, ein Jungbrunnen; wer aus ihr trinkt, springt mit Bravour über seelische Narben und Alterserschlaffung hinweg. Freude glättet die Wogen von Hader und Streit und eint die Menschen wie kaum eine andere Kraft. Wenn sie schwindet, schwindet viel.

Otto ist wieder einmal depressiv. Dabei hätte er genügend Grund, mit sich und seinem Leben zufrieden zu sein. Mit seinen 32 Jahren hat er es bereits zum Manager in einem Betrieb für Küchenmaschinen gebracht, bezieht ein vorzeigbares Gehalt, wohnt in einer komfortablen Dachterrassenwohnung, fährt einen luxuriösen Wagen. Auch privat ist alles in Ordnung bei ihm. Seine junge, hübsche Frau, von Beruf Friseuse, begleitet ihn gerne auf seinen Geschäftsreisen in die Schweiz und verlockt ihn dabei zu unvergesslichen Bergtouren. Überhaupt sprüht sie vor Ideen und sorgt für reichlich Abwechslung in der Ehe. Aber wenn *Otto* depressiv ist, kann sie mit ihm nichts anfangen. Dann hängt er nur trübselig zu Hause herum, ist unkonzentriert, gedanklich abwesend, grübelt über seine Fehler und Mängel nach und kommt einfach nicht in die Gänge. Nachts wälzt er sich im Bett hin und her, morgens rappelt er sich kaum hoch, schleppt sich in die Arbeit und ist den ganzen Tag erschöpft. Wenn seine Frau schimpft, er möge sich doch „zusammenreißen", reagiert er weinerlich wie ein Kind, was sie noch mehr empört.

Auch *Elke* ist 32 Jahre alt und depressiv, aber sie hat im Unterschied zu *Otto* Schlimmes hinter sich. Ihre Ehe war ein zunehmendes Martyrium. Als ihr cholerischer Mann selbst vor Schlägen nicht mehr zurückgeschreckt hat, ist sie mit ihrem dreijährigen Sohn in ein Frauenhaus geflohen und hat die Scheidung beantragt. Aber es hat noch quälend lange gedauert, bis ihr Mann sie endlich in Ruhe gelassen hat. Jetzt lebt sie in einem Dorf als alleinerziehende Mutter und bezieht spärliche Alimente. Auf mehrere Bewerbungen um Halbtagsjobs hat sie bislang nur Absagen erhalten. Das hängt auch damit zusammen, dass sie seelisch geknickt und niedergedrückt ist und keinen gefestigten Eindruck macht. Niemand traut ihr einen tatkräftigen Arbeitseinsatz zu.

In der Zusammenschau von *Otto* und *Elke* sieht man, dass es unterschiedliche Arten von Depressionen gibt. Sie können, aber müssen nicht einen bestimmten Grund haben. Sie können, aber müssen nichts mit äußeren Umständen zu tun haben. In früheren Zeiten sprach man von „endogenen“ und „exogenen“ Depressionen. Obwohl diese Begriffe kaum mehr gebräuchlich sind, ist die Unterscheidung zwischen von „innen“ stammenden und von „außen“ verursachten Depressionen nach wie vor wichtig, weil die therapeutische Hilfe jeweils eine andere sein muss.

Von „innen“ stammende Depressionen beruhen auf Unregelmäßigkeiten im Neurotransmitterhaushalt der Nervenbahnen. Es handelt sich vorwiegend um eine Erbkrankheit, die häufig nach der Spätpubertät ausbricht und die betroffene Person phasenweise heimsucht. Zwischen den Phasen können viele gesunde Jahre liegen. Aber wenn eine solche Depressionsphase auftritt, ist die Person nicht mehr in der Lage, sich ihrer per Willensanstrengung zu entziehen. Mehrere Wochen oder gar Monate hindurch ist sie in ihrer Vitalität extrem eingeschränkt. Ihr gesamter Lebenshorizont erscheint ihr hoffnungslos verdüstert und unerträglich. Danach vergeht die Phase wieder und die Person erholt sich komplett – bis zur nächsten Depressionsphase. In seltenen Fällen treten zwischendurch auch „gegenteilige" Phasen mit sogenannten *manischen* Zuständen auf, in denen die Kranken überzogen lustig, leichtsinnig, sich krass überschätzend, emotional überdreht und hyperaktiv sind und lediglich mittels Medikamenten gebremst werden können, ehe sie in ihrem „Größenwahn" allerhand Unsinn anstellen. Man spricht daher heute von „bipolaren" oder „unipolaren" Störungen, je nachdem, ob sich zu den Depressionen auch Manien zugesellen (bipolar) oder nicht (unipolar).

Es ist zu befürchten, dass *Otto* an einer endogenen (vermutlich unipolaren) Depressionskrankheit leidet. Zur Abklärung würde man ihn nach ähnlichen Phasen von Gemütsschwankungen bei seinen Vorfahren fragen bzw., ob er selbst schon früher an solchen gelitten hat. Weitere Kennzeichen wären unruhige Nächte, das typische „Morgentief" (d. h. eine besonders elende Verfassung beim und nach dem Aufstehen), grundlose Traurigkeit, unangemessene Schuldgefühle, Unfähigkeit zu Eigeninitiativen, allgemeine Verlangsamung, Konzentrationsausfälle, zerfahrenes Denken, Gedächtnislücken, Freude an nichts. Nur ein Facharzt kann abschätzen, ob *Otto* in dieser Hinsicht krank ist und Antidepressiva braucht, die ihn einigermaßen unbeschadet durch die schlechte Phase hindurchlotsen sollen. Dass „unbeschadet" hier kein übertriebener Ausdruck ist, zeigt die viel zu hohe Selbstmordrate endogen depressiv Kranker. Es ist schon verflixt, dass derlei Verzweiflungstaten fast immer beim Abklingen der Depressionsphase geschehen, weil die Entschlusskraft der Kranken wiederkehrt, aber ihre subjektive Befindlichkeit noch immer miserabel ist. Ein paar Wochen, ja Tage später wären sie schon „über den Berg“ …

Otto gehört also schnellstens zum Facharzt, zumal die Wirkung verschriebener Antidepressiva nach ihrer Einnahme eine Weile auf sich warten lässt und *Otto* daher im besten Fall, nämlich dass er auf sie anspricht, noch längere Zeit „durchhängen“ wird. Und da es verschiedene Antidepressiva mit divergierenden Stoffkombinationen und Nebenwirkungen gibt, muss der Fachmann zunächst ausprobieren, was einem Patienten hilft. Zum „besten Fall“ zählt auch eine Aufklärung der Ehefrau, weshalb *Otto* bei seinem Arztbesuch von seiner Frau begleitet werden sollte. Dort würde sie erfahren, dass es unpassend und gefährlich ist, depressive Menschen mit Vorwürfen zu bombardieren. Unpassend, weil sie an ihrer herabgeminderten Stimmung und ihren Funktionsdefiziten nicht schuld sind, und gefährlich, weil die Kranken sowieso mit unnötigen Schuldgefühlen ringen, die durch ein Geschimpfe nur vergrößert werden. Statt sich „zusammenreißen“ zu müssen, dürfen sie sich vorläufig „gehen lassen“, sollen von Verpflichtungen befreit werden und brauchen nichts anderes als *Geduld* mit sich selbst und *Vertrauen* zu ihrem behandelnden Arzt.

Therapeutisch richtig betreut und mit einer verständnisvollen Ehegattin an seiner Seite wäre die Prognose für *Otto* ausgezeichnet. Er würde aus seiner (medikamentös abgemilderten) Depression wieder heil auftauchen, seine Medikamente eines Tages absetzen können und dann wieder ganz der „Alte" sein, der er war. Einem tüchtigen Berufsleben, einem zärtlichen Eheleben und vielen schönen Bergtouren in der Schweiz stünde nichts im Wege. Sollte gerade Februar sein, wird er sich auf Bällen oder Karnevalsveranstaltungen nach Herzenslust vergnügen können. Allerdings gibt es einen „Wermutstropfen" in seinem Glas: Seine Zukunft wird nicht ohne erneute Depressionsphasen verlaufen. Wenn man jedoch ein Übel kennt, kann man ihm die Stirn bieten. Und ein Arzt, der seinen Patienten kennt, kann umso rascher helfen, wenn es sein muss. Für *Otto* wird es darum gehen, seine gesunden Zeiten in Fülle zu leben und die reichen Gaben des Schicksals wertzuschätzen, die ihm beschert sind. Dann wird die Freude in seinem Dasein bei Weitem die schmerzhaft dunklen Stunden überwiegen, die auch wieder kommen werden – aber von denen ja niemand auf die eine oder andere Weise verschont bleibt.

Bei *Elke* hingegen wäre die Verabreichung von Antidepressiva reiner Unsinn. Sie muss mit ihrer Vergangenheit Frieden schließen, sonst zerfrisst der Unfrieden ihre Gegenwart. Nicht elektro-chemische Irritationen sind ihr Problem, sondern real erfahrene Demütigungen und Bedrohungen. An und für sich könnte sie froh sein, dass der „Spuk“ vorbei ist, dass sie und ihr Sohn den ehelichen Terror überlebt haben und jetzt frei für ein eigenständiges, unbeschwertes Leben sind. Aber die Seele ist träge im „Sich-wieder-freuen-Können“. Je Grausameres sie zu verarbeiten hat, desto mehr stumpft sie zu ihrem eigenen Schutze ab. Sind die Grausamkeiten endlich verschwunden, ist die Abstumpfung deswegen nicht automatisch aufgehoben und verhindert das erleichterte Aufatmen, das eigentlich in einen dankbaren Aufschwung einmünden müsste.

Ein anschauliches Beispiel dafür findet sich im Buch „…trotzdem Ja zum Leben sagen“ von *Viktor E. Frankl*. Darin beschrieb er die unmittelbare Zeit nach der Befreiung der Häftlinge aus dem Konzentrationslager Türkheim bei Dachau durch texanische Soldaten im Jahr 1945 mit den folgenden Worten:

„Abends, wenn die Kameraden in ihre alte Erdhütte wieder zusammenströmen, kommt einer zum anderen und fragt ihn heimlich: ‚Du, sag einmal –, hast du dich heute gefreut?' Und einer sagt dem anderen – und fühlt sich beschämt, weil er noch nicht weiß, dass es jedem so ergangen – ‚Offen gesagt: nein!' … Man hat es buchstäblich verlernt, sich zu freuen, und man wird es erst wieder lernen müssen."[1]

Ähnliches berichten alle Überlebenden von Katastrophen. Psychologische Untersuchungen haben gezeigt, dass die *Schnelligkeit*, mit der sie „es wieder lernen, sich zu freuen", ausschlaggebend dafür ist, ob sie ein „posttraumatisches Psychosyndrom" ausbrüten, an dem sie noch jahrelang herumlaborieren, oder ob sie sich wie „Phönix aus der Asche" erheben und aus dem Erlittenen gestärkt hervorgehen, wie es *Frankl* gelungen ist. Sein Rezept zum Wiedererlernen der Freude war einfach und wirksam: Reden. *Reden mit den Menschen und reden mit Gott*. Sein o. g. Bericht setzt sich fort mit der Beobachtung, dass die Häftlinge bei den sie labenden Bauern der Umgebung „wie unter einem seelischen Zwang" pausenlos erzählt haben, was ihnen widerfahren ist, wobei sich der immense Druck, der jahrelang auf ihnen gelastet hat, allmählich lösen konnte. Das allein hätte aber zu ihrer Stabilisierung nicht ausgereicht. Nach dem mitmenschlichen „Abladen" kam die ent-

1 München 1999, 141.

scheidende Bewältigung – in der Einsamkeit: *Frankl* kniete in einem blühenden Wiesenfeld nieder, lauschte dem Gesang der Lerchen in der Höhe und betete. Zu dieser Stunde, so erkannte er, begann seine seelische Rekonvaleszenz.

Was würde demnach *Elke* helfen? Es ist anzunehmen, dass sie schon genügend mit anderen Menschen über ihr erlebtes Martyrium gesprochen hat. Wahrscheinlich hat sie im Frauenhaus darüber geklagt und ist auf teilnahmsvolle Zuhörer gestoßen. Mitarbeiter solcher Einrichtungen sind in Empathie und psychologischer Erstversorgung gut geschult. Auch wird sie beim Familiengericht die ständigen Brutalitäten ihres Mannes geschildert haben. Was aber vielleicht noch fehlt, ist das „Reden mit Gott". Sollte *Elke* keinen Zugang zu einer religiösen Konfession haben, spielt das keine Rolle. Sie kann auch Zwiesprache mit sich selbst halten. Wesentlich ist, dass sie in einer intensiven geistigen Auseinandersetzung dem Gewesenen einen Platz in ihrer Geschichte zuweist, an dem es in Frieden ruhen darf. Von dem sie es nicht am liebsten wegreißen und wegschleudern möchte. Wesentlich ist auch, dass kein nachhaltiger und nachtragender Groll gegen ihren Ex-Ehemann in ihr wütet. Der Groll gegen jemanden trifft nie den „Jemanden", sondern stets den „Grollenden", dessen Seele er sukzessive vergiftet.

Der ehemalige KZ-Häftling *Frankl* hätte genug Anlass zu einem lebenslangen Groll gegen seine Peiniger gehabt. Er hätte nach seiner Befreiung noch 52 Jahre lang (bis zu seinem Tod 1997) gegen das ihm angetane Unrecht protestieren können. Doch nichts dergleichen focht ihn an. Er setzte alles daran, sich seines „zweiten Lebens", wie er es nannte, würdig zu erweisen und seinen Mitmenschen als herausragender Arzt zu dienen. Kennt man sein Werk genau, kann man sogar zu Recht behaupten, dass es durch *Frankls* schmerzliche Erlebnisse an Tiefe und Gehalt gewonnen hat. Zum Heil- und Trostmittel Selbstgespräch, das auch *Elke* zu raten wäre, schrieb *Frankl* im Buch „Der unbewusste Gott":

„Gott ist der Partner unserer intimsten Selbstgespräche. Das heißt praktisch: Wann immer wir ganz allein mit uns selbst, wann immer wir in letzter Einsamkeit und in letzter Ehrlichkeit Zwiesprache halten mit uns selbst, ist es legitim, den Partner solcher Selbstgespräche Gott zu nennen – ungeachtet dessen, ob wir uns nun für atheistisch oder gläubig halten."[2]

Wir sind schon einmal der Bedeutung der Stille begegnet, nämlich im Fall von *Peter*, der „vor sich hin driftet", ohne zu wissen, was er überhaupt

2 München 1992, 96.

will. Er kann es nur in einer verdichteten Stille, in der er sein Leben in einer meditativen Schau Revue passieren lässt, entdecken. *Elke* braucht dieselbe verdichtete Stille für einen anderen Zweck. Sie sollte – in Einsamkeit und Ehrlichkeit – *reden*. Würdevoll, menschenfreundlich, in Höchstform reden. Egal mit wem sie spricht, es wäre ein Gespräch ihres Selbst vor sich selbst. Zum Beispiel mit ihrem Ex-Mann: „Ich lasse dich hiermit los. Ich lasse dich in dein eigenes Leben gehen, und ich sende dir nichts als gute Wünsche hinterher. Mögest du dich wandeln, dich bessern, deine massiven Zornausbrüche in den Griff bekommen; mögest zu irgendwann zu einem liebenswerten Mann werden, der familienfähig ist. Du hättest das Potenzial dazu in dir. Du hast auch gute Seiten, die ich bei unserer Heirat durchaus gesehen habe. Es gab harmonische Tage in unserem Beisammensein, die nicht im Zuge der Ausgangstragödie geschmälert werden sollen. Ich verdanke dir unser Kind, das einen hohen Wert für mich darstellt. Deshalb sollst du wissen: Ich lasse dich jetzt ohne Groll gehen. Was *ich* in unserer Beziehung falsch gemacht habe, tut mir leid. Ich will daraus lernen. Was *du* falsch gemacht hast, liegt auf *deinen* Schultern. Das musst *du* bereuen, wenn du dich ändern willst. Wenn du dich nicht änderst, wäre es um deinetwillen schade, aber es bleibt *deine* Entscheidung. Und es bleibt *deine*

Identität: ein bösartiger oder ein anständiger Mann zu sein … Ich löse mich jetzt von dir und arbeite an meiner eigenen Identität, die auch ein wenig Aufpolierung vertragen kann."

Dem könnte *Elke* eine Zwiesprache mit sich selbst anschließen. Etwa so: „Na, Elke, jetzt bist du aber wirklich frei! Die Anfeindungen deines Mannes sind überstanden, die emotionalen Nachwehen in dir sind entsorgt, und der Rest sieht prima aus. Mit deinen 32 Jahren liegt dein Leben vor dir. Du bist jung, gesund, hast einen normal entwickelten Buben, der nach all den scheußlichen Konflikten eine entspannte und geborgene Kindheit verdient hat. Du hast eine minimale finanzielle Unterstützung von deinem Mann und noch dazu das Glück, dass ihm vorläufig das Besuchsrecht untersagt ist, sodass du keine Angst zu haben brauchst. Der Kleine fühlt sich im Kindergarten wohl, was dir ermöglicht, beruflich Fuß zu fassen. Du lebst in einem der schönsten und sichersten Länder der Erde, mit besten Schulangeboten, und noch dazu in einer naturverwöhnten Gegend ohne Lärm oder Smog. Was willst du mehr? Als Draufgabe gibt es ein paar nette Bekannte, die in der schwierigen Zeit zu dir gestanden haben. Hast du dich bei ihnen schon bedankt? Immerhin haben sie dein ständiges Gejammer tapfer ausgehalten! Und jetzt soll Schluss sein mit der Jammerei! Werde still, danke für die mehrfache Unterstützung, die du erhalten hast, und lerne wieder, dich zu freuen. Deine Freude hinkt noch nach? Überliste sie! Mache es wie im Fasching: Verkleide dich als frohgemute, gut gelaunte Frau und spaziere mit dieser Maske vor dem Gesicht durch die kommenden Wochen. Du wirst staunen, wie deine Mitwelt reagiert. Sie wird dich freudig umarmen. Die ‚Rolle' wird dir wie angegossen passen, so dass du am Ende gar nicht mehr aus ihr herausschlüpfen willst. Vielleicht wird sie allmählich zu deinem echten ‚Kleid' werden. Also – auf in den Fasching, und dein Söhnchen nimmst du gleich mit!"

Man kann sich bildlich vorstellen, wie der „Partner unserer intimsten Selbstgespräche" einem solchen Selbstgespräch von *Elke* seinen vollen Segen erteilt …

* * *

Auch *Susanne* ist traurig. Extrem traurig. Sie ist 30 Jahre älter als *Elke* und blickt auf eine glänzende Karriere als Harfenistin zurück. Sie hat u. a. in berühmten Orchestern unter der Leitung von Stardirigenten gespielt. Plakate von Auftritten auf amerikanischen und asiatischen Bühnen zieren ihre Vorzimmerwände. CDs in einem breiten Ständer zeugen von ihren melodiösen Soli, die die Herzen der Zuhörerschaft zutiefst berührt und aufgewühlt haben. Jetzt ist für sie alles aus. Die Arthrose in ihren Fingern und Handgelenken hat so stark zugeschlagen, dass *Susanne* trotz aufwändiger und kostspieliger Kuren nicht mehr die Virtuosität erlangt, die sie für ihre Kunst benötigt. Es ist aus und vorbei. Das Harfenspiel war ihr Leben. Dafür hat sie viele andere Verlockungen, die sich ihr boten, ausgeschlagen, wie dauerhafte Beziehungen und sonstige „Aktionsangebote“. Sie musste ja täglich stundenlang üben. Und jetzt? Sie weint Tag und Nacht.

Der 50-jährige *Werner* ist, damit verglichen, ein einfacher Durchschnittsbürger. Was nicht bedeutet, dass er keine Talente hätte. Er ist Büroangestellter in einer kleinen Firma, absolviert brav sein tägliches Pensum, haust in einer schlichten Junggesellenwohnung, die er einigermaßen in Ordnung hält, und verbringt seine Freizeit mit Rätsellösen, Internet-Surfen und Fernsehen. Er ist ein misstrauischer Einzelgänger, der niemanden so recht an sich heranlässt, weil er stets das Schlechteste von den Menschen denkt. Jede Zeitungsnachricht über Betrügereien, Diebstähle, Abzocke und Gemeinheiten allen Couleurs bestätigen ihn in seiner Grundauffassung, dass man ununterbrochen auf der Hut sein muss, um nicht von irgendjemandem „übers Ohr gehauen“, übertölpelt, beleidigt, ausgetrickst zu werden.

Dadurch nistet sich die Freude in seinem Leben nicht ein. Hat er Urlaub, genießt er diesen nicht, weil er weiß, dass danach besonders viel Arbeit auf ihn warten wird. Ist er zu einem Betriebsausflug eingeladen, drückt er sich davor, weil er den „Völlereien" und derben Witzen der Kollegen nichts abgewinnen kann. Erhält er eine Gehaltsaufbesserung, knurrt er bloß, dass ihm Steuer und Inflation das Zubrot wieder wegnehmen werden. Im Grunde hat er, was er zum Leben braucht, aber es ist für ihn - samt und sonders nichts wert.

In beiden Fällen kann man keine Depressionen im klinischen Sinne diagnostizieren. Wollte man unbedingt eine Klassifizierung vornehmen, würde man *Susanne* eine „reaktive Depression" und *Werner* eine „Persönlichkeitsstörung" (veraltet: „neurotische Depression") attestieren, allerdings nur tendenziell. Trauer ist keine Depression, sondern ein natürlicher Zustand nach einem schwerwiegenden Wertverlust. Sie mündet insbesondere dann in eine reaktive Depression ein, wenn der verlorene Wert „allein auf weiter Flur war", das heißt, bei dem Betreffenden eine Spitzenposition innehatte, der kein anderer Wert gleichkam. Menschen, die ihr „Ein und Alles" verlieren, versinken leicht in einer Verzweiflung, die sie im Unterschied zur natürlichen Trauer vom Rest der

Welt abschneidet. Nach dem Motto: „Wenn ich dieses Eine, mir Teuerste und Verlorene, nicht mehr haben kann, will ich gar nichts mehr haben“ ziehen sie sich in eine innere Wüste zurück, und „das war's“.

In Nebeneinanderstellung von *Elke* und *Susanne* fällt etwas auf, das zum Nachdenken anregt. *Elke* hat eine lange *dramatische* Zeitspanne hinter sich. *Susanne* hat eine lange *beglückende* Zeitspanne hinter sich. Am Ende geht es beiden Frauen schlecht. Ist das nicht merkwürdig? Nun – die eine Frau ist nicht dankbar, dass die Dramatik *vorüber* ist, und die andere Frau ist nicht dankbar, dass das Beglückende *gewesen* ist. Daraus kann man nur folgern, dass es weniger auf die Qualität der wechselnden Zeitspannen im Leben ankommt als auf des Menschen Fähigkeit, sie positiv zu verabschieden, sobald sich deren Ende abzeichnet.

Wenn sich *Susanne* nicht zur Dankbarkeit für die herrlichen Jahre in ihrer geliebten Kunstbranche aufschwingt, ist sie einem künftigen Verdorren in der inneren Wüste gefährlich nahe. Ein überzeugendes philosophisches Argument von *Viktor E. Frankl* könnte sie jedoch zu einer Haltungsänderung motivieren. Genaugenommen ist *in der Vergangenheit nichts unwiederbringlich verloren, sondern alles unverlierbar geborgen*. Keine Macht der Welt kann *Susanne* ihre Orchestererfahrung mehr rauben, kann ihre Triumphe annullieren oder den rauschenden Applaus des Publikums aus ihrer persönlichen Geschichte herauslöschen. Ihr Fleiß, ihre Musikalität und ihre Erfolge sind eine Lebensernte, die auf ewig mit ihrem Dasein verbunden sein wird, ob jemand davon weiß oder nicht, ob sie selbst noch lebt oder schon gestorben ist. Aus der Wahrheit kann ihre Lebensernte nie mehr ausradiert, weggestrichen werden. Ist das nicht ein Grund zur Freude? Geradezu zu einem „Freudentaumel"?

Susanne könnte sich lächelnd zurücklehnen und sich vergegenwärtigen, dass sie jahrzehntelang ihren Traumberuf hat ausüben dürfen (wer kann das schon von sich sagen?). Sie könnte ihre Harfe in der Ecke zärtlich streicheln, die ihr so gute Dienste geleistet hat, und dabei per Tonträger ihrer Lieblingsmusik lauschen, von der sie unvergleichlich mehr versteht als die meisten anderen Menschen, ja, ganze Passagen auswendig kennt. Jetzt wäre es an der Zeit, vom produktiven zum erlebenden Musikgenuss überzuschwenken. Vielleicht ist vor lauter Training das köstliche Erleben sowieso zu kurz gekommen. Erst wenn *Susanne* die Begnadung erfasst hat, die über ihr gewaltet hat, wäre sie in der Lage, auch dem Bisher-zu-kurz-Gekommenen Raum zu geben, in welchem ihre Chancen von Heute schlummern.

Das Wissen, dass alles Wertvolle aus der Vergangenheit in der ewigen Wahrheit geborgen ist, ebnet den Weg zum Erkennen dessen, was in der Gegenwart noch verborgen sein könnte. Man ist nicht mehr paralysiert im Blick zurück „wie Lots Frau“, sondern kann wieder elastisch voranschreiten, das abgesegnete Gewesene im Rücken.

Was würde *Susanne* wohl entdecken, wenn sie die Tür ihrer Karriere mit Zufriedenheit statt mit Wehmut hinter sich schlösse und die Tür zu ihrem nächsten Lebensabschnitt voller Neugierde öffnete? Vieles ist vorstellbar. Wäre sie die richtige Person, um jungen aufstrebenden Harfenistinnen den letzten Schliff beizubringen und sie mit ihrer eigenen Begeisterung anzustecken? Oder um Laien in die Geheimnisse der Musiktheorie einzuführen? Oder um Minikonzerte in Pflege- und Sozialeinrichtungen zu organisieren? Vielleicht auch wäre es für *Susanne* ein spannendes Abenteuer, außermusikalisches Neuland zu betreten. Wann hat sie je einem Skispringen zugesehen, einen Kurs über Astronomie belegt, eine politische Veranstaltung besucht, eine Schiffskreuzfahrt angetreten? Wann sich je auf intensive zwischenmenschliche Gespräche eingelassen? *Susanne* könnte ganz schwindlig werden vor den zahlreichen Optionen, die ihre Zukunft noch für sie parat halten mag, vorausgesetzt, sie kann sich damit aussöhnen, dass eine Fortsetzung ihres Harfenspiels nicht mit dabei ist.

Es müssen uns die Geschenke des Lebens genügen – in der Größe, in der sie sich uns zuteilen. Wer sie verbissen größer haben will, für den verwandeln sie sich von Geschenken zu Lasten und erzeugen statt einer geistigen Bereicherung eine seelische Verarmung.

Im Gegensatz zu *Susanne* wird *Werner* kein Problem damit haben, einmal seinen Beruf an den Nagel zu hängen. Aber wenn er sich charakterlich nicht deutlich ändert, wird er auch im Ruhestand nicht munterer sein als bisher. Er wird sich dann eben über die Heizkostenrechnung aufregen, über das nervige Geplärre der Kinder im Park ärgern und seine Zipperlein unter resigniertem Seufzen hätscheln. Vielleicht wird er im Zuge des Älterwerdens aus einer plötzlichen Einsicht heraus bedauern, dass sein Leben so schal und farblos verlaufen ist, doch ist zu befürchten, dass er, statt sich endlich zu läutern, anderen Menschen die Schuld daran zuschieben wird. *Werner* zählt zu einem „Typus", der sich in den Wohlstandsländern ausgebreitet hat, während er in entbehrungsreichen Ländern kaum zu finden ist. Von der spontanen Fröhlichkeit und Gastfreundschaft so mancher Bevölkerungsgruppen in industriell unterentwickelten Regionen könnten sich hierzulande eine Menge Leute etwas abschauen.

Die Krux ist, dass *Werner* sich wahrscheinlich nicht fachmännisch beraten lässt, weil er der „Psychogilde“ nicht traut. Personen wie er glauben oft, die Psychologen seien mehr oder weniger Scharlatane, die ihnen nur das Geld aus der Tasche ziehen wollen. Auch aus umgekehrter Sicht wäre es eine zähe Angelegenheit, mit einem Klienten wie ihm zu arbeiten. Dennoch könnte im gemeinsamen Ringen – falls er sich *doch* einem Fachmann anvertrauen würde – ein Durchbruch gelingen, etwa mittels folgender Strategie:

Erstens braucht *Werner* eine Gemeinschaft, da er zu eigenbrötlerisch ist, beinahe im Grenzbereich zum Sonderling. Zweitens braucht er eine „Diät“ in seiner Nörglerei, quasi ein Abspecken des Fokussierens von Negativismen. Drittens braucht er einen Grund, sich selbst zu mögen. Viertens braucht er „Dünger“ für seinen Humor, der jämmerlich verkümmert ist. Was er aber auf keinen Fall braucht, ist ein Nachgraben in seiner Kindheit mit der Absicht, Ursachen seiner Störung aufzurollen. Hypothetisch fänden sich gewiss welche, bloß würden Spekulationen über die Entstehung seiner freudlosen Verfassung wiederum andere Menschen, z. B. seine Eltern, ins Zentrum seiner Aversionen schieben und ihn in der unfruchtbaren Auffassung, „armes Opfer zu sein“, bestätigen.

Die ersten zwei Punkte des Hilfspaketes wären durch die Aufnahme von *Werner* in einer logotherapeutischen „Dereflexionsgruppe“ gewährleistet. Die Dereflexion ist eine von *Frankl* konzipierte Methode zur Aufmerksamkeitskorrektur. Unsere Aufmerksamkeit ist immer auf einen *Ausschnitt* des Gesamtspektrums gelenkt. Auch wenn wir auf einer Aussichtsplattform stehen, können wir immer nur einen bestimmten Winkel der uns umgebenden Landschaft betrachten: eine Wolkenformation, einen Berggipfel, einen Abhang, ein Tal, eine Flusswindung usw. Aber wir können unseren Blick von Winkel zu Winkel, von Ausschnitt zu Ausschnitt schweifen lassen, um schließlich zu einem umfassenden Eindruck zu gelangen. Das gilt genauso für unsere Lebensbetrachtungen. Bei Leuten wie *Werner* bleibt die Aufmerksamkeit sozusagen bei den „Geröll- und Schutthalden“ hängen und schweift nicht weiter. Deswegen sieht das Leben für sie fälschlich so aus, als bestünde es nur aus Geröll und Schutt. Im Rahmen der Dereflexion werden nun ein *Stopp-* und ein *Hinweisschild* errichtet. Sowie sich das Auge den Geröll- und Schutthalden nähert, schiebt sich das Stoppschild dazwischen – dorthin wurde genug geschaut! Daraufhin zieht sich das Hinweisschild hoch und lenkt das Auge zu den saftigen Almen, den dunkelgrünen Wäldern, den schmucken Häusern am Rande kristallener Seen … Dereflexion ist kein

Aufsetzen einer „rosa Brille“, sondern das Absetzen einer „schwarzen Brille“, damit wahrgenommen werden kann, was *ist*. Das *Seiende*. Die *Vielfalt des Seienden*. Die Relativität des Negativen zum Positiven in der Welt, das mehr noch als alles andere wert ist, bemerkt und begrüßt zu werden.

In der therapeutisch geleiteten Dereflexionsgruppe dürfen die Teilnehmer diskutieren, worüber sie wollen, bloß Klagen, Beschwerden und Negativthemen sind tabu. Sie lernen z. B., ein „Tagebuch der schönen Stunden“ zu führen, in das sie eintragen, was ihnen realiter an Beachtlichem und Erfreulichem begegnet oder gelingt. Wenn sie in der Gruppe daraus vorlesen, wundern sie sich selbst, wie viel Schönes sich im Laufe einer Woche in ihrem Tagebuch angesammelt hat. Sie werden angehalten, einander rückzumelden, was ihnen an den jeweils anderen Gruppenteilnehmern gefällt, und bestärken einander im Hervorholen ihrer „Lichtseiten“, die (neben den „Schattenseiten“) auch in jedem Menschen stecken. Zum Stichwort „Lichtseite“ passt die alte Pfadfinderregel: Eine gute Tat pro Tag! Weshalb gemeinsam nach Ideen gefahndet wird, wie diese Regel in unserer Gesellschaft praktisch umsetzbar wäre. Für *Werner* hakt das den dritten Punkt seines Hilfspaketes ab. Denn mögen kann sich nur, wer andere Menschen mag; und andere Menschen mag, wer ihnen Gutes tut.

Die Krönung der Dereflexionsgruppe aber ist die Wiedererweckung des Humors bei den Gruppenteilnehmern. Der Humor ist ein „Allround-Pflaster", eine Heilpflanze der Sonderkategorie. Er kann selbst dicke seelische Geschwüre innerhalb von Minuten zum Abschwellen bringen. Eine kleinwüchsige Dame, betrübt und voller Minderwertigkeitskomplexe, fand einst das Gedichtchen „Enzian" aus *Karl Heinrich Waggerls* Buch „Heiteres Herbarium":

„Bist du verzagt, weil dich so vieles überragt?
Schau in dies holde Angesicht
Und merk: Am Stängel liegt es nicht!"[3]

Sie lachte, richtete sich auf und strahlte. Über die Brücke humoriger Symbolik erfasste sie blitzschnell, was langatmige Erklärungen wohlmeinender Freunde nicht zustande gebracht hatten, nämlich dass sie „hold genug" war, die ihr zugedachten Lebensaufgaben freudig zu erfüllen. Wer öfter über die Brücke des Humors balanciert, gelangt zu Erkenntnissen, die sich dem sorgenumnebelten Gehirn verschließen. Es gibt Ernstes, das sich kaum anders als lächelnd verstehen lässt.

Sind alle Teilnehmer der Dereflexionsgruppe zu einem solch verständigen, herzhaften Lachen

3 Salzburg 1950.

(der vierte Punkt von *Werners* Hilfspaket) befähigt worden, enden die Gruppenstunden.

Was aber ist, wenn *Werner* kein ähnliches therapeutisches Angebot in seinem Umkreis hat? Vielleicht ermutigen ihn diese Zeilen zur Selbsthilfe. Es gibt auch andere Gemeinschaften wie Klubs, Vereine, Kurse oder kirchliche Treffen, mit denen er es probieren könnte. Integriert zu sein, irgendwo dazuzugehören, das würde seine skeptischen und zynischen Ausuferungen erheblich nivellieren. Auch wäre es ihm möglich, die „Stopp- und Hinweisschilder“ bei sich selber zu installieren, wenn er um deren Wichtigkeit weiß. Ferner zeigt sich der Bedarf an freiwilligen Beiträgen im Sinne guter Taten am deutlichsten in Kooperation mit den Mitmenschen.

Und der Humor? Wem es daran mangelt, der wird ihn sich nur in kleinen Portionen aneignen können, doch immerhin. Der Februar wäre just der richtige Monat dafür. Einmal aussteigen aus dem monotonen Trott, einmal mitmachen im närrischen Treiben, einmal unzensiert ausgelassen und lustig sein ...? Ein höchst suspektes Rezept für *Werner,* aber gerade recht, ihn „umzukrempeln“. Zur Zeit der Ritter und Herrscher waren die Hofnarren stets die „eigentlich Weisen“, die es sich erlauben konnten, den Regenten Dinge zu sagen, die sonst keiner zu sagen gewagt hätte – eben verpackt in den Humor. Der Überlieferung nach soll sich ein Hofnarr einst sogar auf den Kopf gestellt haben, um seinem König zu demonstrieren, dass die Dinge aus umgekehrter Sicht eine andere Optik haben. Bis heute dienen die Karnevalsgebräuche analogen Zwecken. Das heißt im Klartext: „Hüpfe, Werner, schunkle, Werner, lache, Werner, stell' alles auf den Kopf, Werner, was bisher deine Prinzipien waren. Brich aus deinem selbsterrichteten Käfig aus, verbiege die Gitterstäbe von Missmut, Misstrauen, Missgunst und sonstigen „Missigkeiten" wenigstens ein paar Tage lang, und du wirst nicht mehr in den Käfig zurückkehren wollen. Nimm einen farbigen Stift, Werner, und schreibe in dein Tagebuch, dass du endlich, endlich Freude empfindest, am Leben zu sein!"

Eine zweifache Lehre ist aus alledem zu ziehen:

1. *Es gibt unvermeidliche seelische Tiefs, wie zum Beispiel krankhafte Depressionen oder natürliche Trauer.*

2. *Es gibt auch vermeidbare seelische Tiefs, die auf falschen „Lebensphilosophien" beruhen.*

Durch einen richtigen Umgang mit dem einen wie dem anderen kann das Leben trotz allem in einer Weise aufgewertet werden, dass die Freude aus dem Exil heimkehrt.

Man muss nicht immer auf einen Anlass zur Freude warten. Warten ist eine ziemlich passive „Tätigkeit". Man kann auch Anlässe zur Freude *schaffen*. Dazu ein letzter „heißer Tipp": Anlässe zur Freude haben überraschend wenig mit Besitz und Konsum zu tun. Es ist eher umgekehrt. Die ständige Sucht nach mehr Besitz (und Zur-Schau-Stellung von Besitz) kappt die Möglichkeit, sich daran zu erfreuen. Entweder wird man überängstlich, seinen Besitz wieder einzubüßen, oder man wird gleichgültig dem gegenüber, was man sowieso zur Genüge hat. Zu Zeiten unserer Urgroßeltern pflegten viele Leute einmal im Monat ins Kino zu gehen. Tagelang freuten sie sich schon auf den nächsten Film. Hand aufs Herz: Freut sich unsere Generation noch auf einen Fernsehabend? Freut sie sich wirklich darauf? Oder konsumiert sie eher angeödet Tag für Tag wahllos, was der Bildschirm hergibt, damit der Abend vergeht …? Auch ein Mitglied unserer Generation könnte auf der Stelle die Freude an einem ausgewählten Film zurückerlangen, vorausgesetzt, es brächte die Kraft auf, *bloß einmal pro Woche* mehr als die Nachrichten anzuschauen. Klingt das altmodisch? Unzumutbar? Absurd? Na ja, man mache die Probe aufs Exempel; man mache und staune!

März

Vom Erringen der Kraft zur heilsamen Selbstbeschränkung

FRAGE DICH

Frage dich:
„Was gehört zu deinem Leben?“
Wenn du ehrlich bist,
wird es viel weniger sein,
als du dachtest.
Und wenn du die Antwort
gefunden hast,
wird dir der Verzicht
auf den Rest
nicht mehr so schwer sein.

Elli Michler

Das Fernsehbeispiel am Ende des letzten Kapitels bildet eine ideale Überleitung zum leidigen Thema „Selbstbeschränkung“, das so „leidig“ gar nicht ist, wie es auf den ersten Blick scheint. In gewisser Weise handelt es sogar von einer „Auszeichnungsmedaille“, die sich der Mensch (und nur der Mensch) an die Brust heften darf, denn die Fähigkeit zur Selbstbeschränkung ist Teil des einzigartigen Selbststeuerungspaketes, dessen physiologische Grundlage das menschliche Stirnhirn bildet, wie die Neurobiologen *Joachim Bauer* und *Gerald Hüther* nachgewiesen haben. War das eine wissenschaftliche Sensation! Seit undenklichen Zeiten haben Philosophen über die Willensfreiheit des Menschen gerätselt; der Arzt *Frankl* hat sie noch als Prämisse seines Denkgebäudes „angenommen“, und plötzlich entstieg sie als ein Stück entdeckter Realität den neurologischen Forschungslaboratorien. Ja, wir können uns selbst steuern. Wir können uns daher auch selbst beschränken. Diese Medaille zeichnet unser Menschsein aus. Aber machen wir Gebrauch davon?

Felix und *Knut* sind fleißige Arbeiter. Von früh bis spät kreist ihr Denken um ihre Arbeit. Überstunden sind für die beiden eine Selbstverständlichkeit. Dauerstress am Arbeitsplatz ist für sie nicht der Rede wert. Für Kollegen, die „ausbrennen“, haben sie bloß ein spöttisches Lächeln übrig. Die Jungen halten heutzutage nichts mehr aus …

Felix hat einen KFZ-Reparaturbetrieb mit mehreren gemieteten Hallen für Reifen, Ersatzteile, Autounterbodenwäsche und zahlreiche Maschinen, die er benötigt. Er hat sich vom einfachen Mechaniker emporgerackert und ist stolz auf seinen beträchtlichen Kundenstamm. Freilich gibt es häufig Ärger. Die Konkurrenz unterbietet die Preise, die Lehrlinge stehen nur im Weg herum, die Mitarbeiter schlampen, offene Rechnungen werden nicht beglichen, die Steuerbehörde rückt ihm auf die Pelle, und zu Hause kracht es, weil er innerlich nicht abschalten kann. Wie könnte er auch? Jeden Abend sitzt er mit gerunzelter Stirne über seinen Buchhaltungsunterlagen. An Wochenenden macht er nicht selten einen Abstecher in seine Werkstatt und erledigt noch schnell eine eilige Reparatur. Die Kinder fragen ihn gar nicht mehr, ob er etwas mit ihnen unternehmen will, aber *Felix* macht sich deswegen keine Vorwürfe: Sie haben ja die Mutter und ihre Freunde aus der Schule. Sie brauchen ihn nicht, redet er sich ein, und schließlich schafft er ja das gesamte Geld für ihren Unterhalt und ihre Sonderwünsche herbei. Ihnen ist bestimmt nicht langweilig mit ihren vielen technischen Spielgeräten, ihren Smartphones, Surfbrettern und allem möglichen extravaganten Kram …

In letzter Zeit spürt *Felix* ein unangenehmes Ziehen in der Herzgegend. Manchmal ist er ganz taumelig, braucht ein paar Minuten, bis er sich wieder fängt. Auch verträgt er nicht mehr alles Essen, das er in Eile hinunterschlingt. Sein Magen revoltiert. Kürzlich wurde der Druck im Leib so stark, dass er kaum mehr Luft bekam. Er wird nicht umhinkommen, sich ärztlich untersuchen zu lassen, und das passt ihm gar nicht, weil es Zeit kosten wird. Zeit, die er bei seiner Arbeit verbringen möchte …

Knut ist Werbetexter in einem Marketing-Unternehmen und besessen von dem Bestreben, einmal einen durchschlagenden Slogan zu erfinden, der in aller Munde ist. Für ihn sind die Rückmeldungen seiner Vorgesetzten überaus wichtig. Er möchte um jeden Preis „Liebkind" bei ihnen sein, möchte von ihnen gelobt und bestätigt werden und sich den Rang einer „Koryphäe" erobern. Dafür nimmt er alles in Kauf, was sie von ihm verlangen, und halst sich jede Menge Aufträge auf. Würde er einen ablehnen, befürchtet er, bei den Chefs in Ungnade zu fallen. Weil er sein übernommenes Pensum in den Berufszeiten nicht bewältigen kann, schleppt er täglich eine Aktentasche voller Schriftstücke mit nach Hause, um unerledigte Aufgaben abzuarbeiten – sehr zum Verdruss seiner Lebensgefährtin, die ständig damit droht, ihn zu verlassen, aber aus lauter Mitleid doch bei ihm bleibt. Ihre ambivalente Haltung trägt nicht zum häuslichen Frieden bei. Die Zänkereien mehren sich, die Partnerschaft wackelt mehr denn je. Das wiederum beeinträchtigt *Knuts* Kreativität, zumal er sowieso chronisch übermüdet ist, wodurch die Produktion exzellenter Werbetexte in immer weitere Ferne rückt. Manchmal fällt ihm, der früher locker die köstlichsten Bonmots aus dem Ärmel geschüttelt hat, schier nichts mehr ein, und der blanke Schrecken umklammert ihn, auch seine Vorgesetzten könnten das allmählich bemerken.

Möchte jemand mit diesen beiden Herren tauschen? Wohl kaum! Jeder objektive Zuschauer wird sowohl bei *Felix* als auch bei *Knut* den Eindruck einer rasanten Fahrt ins Unglück gewinnen. Sind die schlingernden Karren noch aufzuhalten? Gäbe es dafür irgendwelche Bremspedale?

Natürlich gibt es solche, und das ist just die Botschaft der Fastenzeit: *„Du kannst bremsen! Prüfe dich, ob du es noch kannst. Hast du Schwierigkeiten damit, dann nimm unverzüglich Hilfe in Anspruch."* Alles Zuviel ist einzubremsen, nicht nur die überhöhte Geschwindigkeit im Straßenverkehr, nicht nur die Essensgewohnheit übergewichtiger Personen – auch das zu viele Arbeiten, das zu viele Streben nach Anerkennung und Erfolg, das zu viele Sich-Sorgen, das zu viele Vernachlässigen von Familie und Freunden usw. *Das Zuviel ist eine Seuche unserer Gesellschaft und durchwegs lebensfeindlich.*

Für *Felix* ist zu hoffen, dass er an einen klugen Arzt gerät, der nicht nur EKG, Magenspiegelung und ähnliche Untersuchungen verordnet, sondern ihn auf eine Kur schickt, auf der *Felix* u. a. im Fach „Lebenskunst" unterwiesen wird. Dazu gehört die Einsicht, dass man den körperlichen Verschleiß und die Vitalitätsabnahme des fortschreitenden Alters verlangsamen kann durch *konsequenten Verzicht*. Was für *Felix* bedeuten würde, ab sofort bescheidener zu wirtschaften. Er war tüchtig, das sei unbestritten, doch auf Kosten von Frau, Kindern, Gesundheit und Lebensqualität. Das soll sich radikal ändern. In der Kur hätte er Zeit zum Überlegen. Vielleicht reduziert er seinen Kundenstamm, stößt eine seiner teuren Miethallen ab, nimmt einen weiteren Mitarbeiter auf, begnügt sich mit weniger Einkommen. Vielleicht macht er seine ersten zaghaften Gehversuche im Familienverband. Die Erfahrung zeigt, dass arbeitssüchtige Männer, die kaum je zu Hause waren, sich dümmer als ihre einstigen Lehrlinge anstellen, wenn sie dann doch einmal längere Zeit zu Hause sind, etwa im Krankheits- oder Rentenfall. Sie haben nicht gelernt, sich rücksichtsvoll und kooperativ in die kleine soziale Gemeinschaft einzubringen. Ihre bisherige Devise im harten Konkurrenzkampf war es gewesen, ihr „Territorium" zu verteidigen; eine Devise, die ausgedient hat.

Selbst wenn *Felix* einen solchen Kurswechsel vollzieht, dürfte er nicht erwarten, dass die Kinder sich plötzlich ihrem Papa zuwenden oder dass seine Frau mit ihm freudig in die zweiten Flitterwochen startet. Immerhin ist einiges an Beziehungen zu Bruch gegangen. Doch gibt es eine bewährte Methode, derlei Bruchstücke zu kitten, nämlich das sogenannte „Anschlussengagement". Es würde voraussetzen, dass *Felix* behutsam zu eruieren beginnt, wofür sich seine Lieben engagieren. Was begeistert die Kids? Was sind die wahren Interessen seiner Frau? Hat er herausgefunden, was für seine Angehörigen sinnstiftende Inhalte sind - und diese haben möglicherweise gar nichts mit seinem eigenen Spezialgebiet, der Autotechnik, zu tun - dann empfiehlt sich, dass auch er sich mit diesen sinnstiftenden Inhalten ein wenig beschäftigt bzw. seine Lieben bei deren Beschäftigung damit nach Kräften unterstützt. Sind zum Beispiel seine Kinder Sportfans, könnte er ihnen gelegentlich beim Training zuschauen, sie zu Sportveranstaltungen begleiten, sich Informationen über aktuelle Turniere beschaffen, um mit ihnen darüber plaudern zu können etc. Oder engagiert sich seine Frau in der Behindertenhilfe, könnte er versuchen, sich Schulter an Schulter mit ihr dieser schwierigen Aufgabe zu widmen. Es ist klar, dass derlei Aktivitäten zunächst nicht *sein* Engagement wären, aber sie würden sehr schnell die langjährigen Aversionen zwischen ihm und den Seinen überbrücken und zu konstruktiven Gemeinsamkeiten führen, die alle Beteiligten einander näher bringen. Abgesehen davon, könnte er sogar selbst in ein solches neues Engagement hineinwachsen, denn mit dem Verzicht auf das Zuviel seiner Arbeit würden ja Zeit- und Kraftressourcen frei, die noch unvergeben sind und einer sinnvollen Nutzung harren.

Man hat mit der Methode des „Anschlussengagements" gute Erfahrungen bei allen Formen von „existenzieller Frustration" (*Frankl*) und Wertevakuum gemacht, bei denen ein sinnarmes Leben zugedröhnt oder eine bestehende Sinnleere überdeckt worden ist mit ununterbrochener Betriebsamkeit und Hektik. Da es beim „Anschlussengagement" nicht um eigene Leidenschaften geht, ist die Gefahr gering, dass sich der Betreffende in neue Überforderungen hineinstürzen wird. Dafür ist die Chance groß, dass er zu einer Mitmenschlichkeit findet, die er bislang seinem Abgott geopfert hat, ob dieser nun Firma, Karriere, Geldscheffeln oder sonst irgendwie geheißen hat.

Bei guter ärztlicher Betreuung und einem Sack neuer Erkenntnisse wäre *Felix'* Fahrt ins Unglück also tatsächlich noch abzustoppen. Die Bremspedale hießen „Bescheidenheit" und „Demut". Statt Schinderei in der Arbeit wäre Verzicht auf Überstunden und Auftragsüberlastung angesagt. Statt finanziellen Präsenten wären persönliche Anwesenheit und so manches Anschlussengagement in der Familie angesagt. Statt Grübeleien über Werkstattangelegenheiten stünden Frieden und Entlastung auf dem Abendprogramm. Den klassischen Tagesdreiteiler „8 Stunden Arbeit, 8 Stunden Freizeit, 8 Stunden Schlaf" wird *Felix* vielleicht nicht erreichen, aber jeder Fortschritt in diese Richtung würde ihn körperlich und seelisch regenerieren. Wenn die Kinder dabei ihre Ansprüche auf Extravaganzen reduzieren müssten, wäre das eine feine pädagogische Draufgabe. Wir leben Zeiten entgegen, in denen die „fetten Jahre" in „magere Jahre" umschlagen werden – selig, wer beizeiten gelernt hat, davon unabhängig glücklich zu sein!

Knuts Probleme stehen mit einem anderen Zuviel in Zusammenhang. Es knirscht im Gebälk seines Selbstvertrauens. Er hat zuviel Angst, im Mittelmäßigen steckenzubleiben oder gar total zu versagen. Angst, seitens seiner Vorgesetzten nicht geschätzt zu werden und im Heer der „Unbedeutenden" unterzugehen. Warum eigentlich diese Angst? Es ist etwas Unreifes, Kindliches in ihm, das immer noch den Ton angibt. Kinder beurteilen sich selbst im Spiegel ihrer Bezugspersonen. Signalisieren ihnen diese, dass sie, die Kinder, bedingungslos wertvoll sind (am besten auch noch, wenn sie schwach, krank, schlimm oder faul sind), dann adoptieren die Kinder diese Wertschätzung ihrer selbst. Erleben sie hingegen Gleichgültigkeit oder „Liebe", die an Bedingungen (etwa an Leistungen) geknüpft ist, dann spüren sie ihren Wert nicht oder knüpfen ihn an irgendwelche Erfolge, die sie glauben, erbringen zu müssen.

Aber Kinder bleiben keine Kinder. Im Zuge ihres Erwachsenwerdens und dem damit verbundenen Identitätsaufbau sind sie imstande, ihre eigene Wertschätzung zu entwickeln - notfalls nachzuentwickeln. Der Einfluss der einstigen Bezugspersonen sinkt proportional zur Zunahme von Autonomie und Authentizität. Als geistiges Wesen ist niemand seiner biopsychischen Vorgeschichte völlig untertan.

Das heißt, für *Knut* gilt es einiges nachzuentwickeln. Der März wäre ein idealer Monat dafür. Der uralte Appell, sich in regelmäßigen Abständen einem heilsamen Fasten zu unterziehen, enthält ausnahmslos für alle Menschen die passende Weisung. Für die im Kaufrausch Befindlichen die

Weisung, sich strikt eine Weile nur mit dem Nötigsten einzudecken. Für die unentwegt Plappernden, sich im Schweigen einzuüben. Für die süßen Leckermäuler, auf Zuckerabstinenz umzusteigen. Für die Autobahndrängler, sich mit der rechten Spur zufriedenzugeben. Für die an Sitzflächen Festklebenden, ihre Beine zu bewegen und loszumarschieren ... Wie viele Probleme würden sich schier in Luft auflösen, würde diese Jahreszeit des „Aufwachens der Natur", des „Aufbruchs in eine sprießende Fruchtbarkeit" für das eigene Leben solcherart verwendet werden. Nichts macht geistig wacher als Fasten! Nichts ist fruchtbarer als Fasten! Es entschlackt den Körper, entkrampft die Seele, stärkt die Person.

Wie aber findet man die Kraft dafür? Es ist ein Jammer, dass oft erst dramatische Warnzeichen zur Umkehr zwingen. Ja, dass es manchmal dann „zu spät" ist. Müssen die im Kaufrausch Befindlichen wirklich erst pleite gehen, die Leckermäuler Diabetes mellitus bekommen, die Autobahndrängler Unfälle verursachen ...? Es ist des Menschen nicht würdig, dermaßen ignorant zu sein. Vor allem aber ist es ihm nicht gemäß, nur gegen Negativismen anzukämpfen. Der Mensch braucht ein *positives Leitbild*, ein *sinnvolles Ziel*, eine *Bejahung seiner Mühen um einer übernommenen und seinerseits bejahten Aufgabe willen*. Dann sprudeln die Kräfte aus ihm hervor. Bei *Felix* könnte es das

Leitbild eines guten Familienklimas sein, das ihn den Klauen des Workoholismus entrinnen hilft. Bei *Knut* könnte es sein dichterisches Talent sein, das ihm die Lust an seiner Arbeit zurückschenkt, ungeachtet der Meinungen anderer über ihn und seine Produkte.

Es ist ein seltsames Fasten, das sich *Knut* auferlegen müsste, um zu seinen ursprünglichen Talenten zurückzufinden. All seine Gier nach Erfolg, Berühmtheit, wohlwollendem Feedback und Anerkennung wäre hinunterzuschrauben – optimalerweise gegen null. Nichts desgleichen sollte ihn bekümmern. Tauchen die infantilen Strebungen in ihm wieder auf und drohen das Fließen seiner kreativen Ideen zu beeinträchtigen, sollte er sich ihrer humorvoll erwehren. „Okay", könnte er schalkhaft denken, „dann bin ich eben der ärgste Tölpel in der Werbebranche und sämtliche Chefs dürfen sich wegen mir die Haare raufen. Auch *das* ist ein Rekord!" – Man kann sein eigener „Hofnarr" sein und die Dinge spielerisch „auf den Kopf stellen", was sich nicht zuletzt bei einer äußerst effizienten psychotherapeutischen Methode, der sogenannten Paradoxen Intentionsmethode von *Frankl*, bestens bewährt hat.

Knut kann seine Fantasie nicht mobilisieren, solange er vom Schielen nach Glanzleistungen besetzt ist. Umgekehrt befreien ihn Souveränität und Selbstbewusstsein zur Hingabe an die jeweils gestellte Aufgabe. Je mehr er den Traum vom Genie- bzw. Liebkind-Sein loslässt, desto sicherer werden ihm brauchbare Texte für seine Arbeit einfallen. Ein schöner Spruch von *Hans Sedlmayer* lautet: „Der Lohn des Dienens an einer Sache, die man als größer empfindet als die eigene, ist die Ruhe." Mit „größer" ist hier gemeint, dass das Eigene (Ruhm, Belohnung) in den Hintergrund zurücktritt, wohingegen die Sache selbst im Vordergrund aufleuchtet. Das erzeugt tatsächlich innere Ruhe. Könnte *Knut* diese Ruhe in seiner Aktentasche mit nach Hause nehmen statt wie bisher unvollendete Tagesreste, die sich sowieso einem ausgelaugten Hirn sperren, dann würde nicht nur seine Partnerschaft aufblühen – er käme auch frischer, fröhlicher und erholter am nächsten Morgen an seinen Arbeitsplatz und könnte dort die doppelte Menge erledigen.

* * *

Lea ist eine junge Apothekerin. Sie steht mit beiden Beinen fest im Leben, verfügt im Unterschied zu *Knut* über ein ausgeprägtes Selbstbewusstsein, hält im Unterschied zu *Felix* einen vernünftigen Arbeitsrhythmus ein und ist überhaupt ein prachtvolles Persönchen. Ihr Pharmaziestudium hat sie unter Lobeshymnen ihrer Lehrer abgeschlossen, ihre medizinischen Kenntnisse überschreiten bei Weitem den Bedarf ihrer täglichen Tätigkeit. Trotzdem gefällt ihr der gewählte Beruf, in dem sie gut verdient und Geld für eine hübsche Eigentumswohnung zur Seite legen kann. *Lea* hat nur eine Schwäche: Manchmal überkommt sie eine fürchterliche Wut auf schwierige Kunden. Auf tattrige Alte, die fünfmal das Gleiche fragen und nichts verstehen. Auf überängstliche Mütter, die langatmig die Beschwerden ihrer Kleinen schildern. Auf unwirsche Männer, die nicht warten wollen, bis sie an der Reihe sind. Auf Leute, die um Medikamente betteln, für die sie ein Rezept bräuchten, das sie nicht haben. Auf Personen, die sich vertraulich an sie heranpirschen, ihr den Atem ins Gesicht blasen und ihr die Hände tätscheln. Auf Besserwisser, die Instruktionen stets mit „Ja aber" beantworten. In solchen Fällen reagiert *Lea* mit einer Aggressivität, die sie selbst überrascht und die sie kaum kontrollieren kann. Sie hebt ihre Stimme, schleudert die Waren auf die Theke, beleidigt die Nächststehenden, bebt innerlich und äußerlich vor Zorn. Der ganze Tag ist ihr verpatzt.

Aber *Lea* ist intelligent und begreift, dass sie ihre Schwäche ablegen muss. Anderenfalls würden ihre Wutattacken sie mit der Zeit so verhärmen, dass sie an ihrem Beruf und ihrer Berufung zu zweifeln begönne. Überdies würde sich die Atmosphäre in der Apotheke verschlechtern, und das will sie auf keinen Fall. Als medizinisch versierte Kraft stöbert sie in der einschlägigen Fachliteratur nach seriösen Methoden zur Selbstkontrolle und stößt dabei auf die Seelenheilkunde *Viktor E. Frankls*. Dort wird sie fündig, und weil gerade Fastenmonat ist, beschließt sie, die entdeckten Anleitungen als ihr individuelles „Fastenopfer" zu erachten und zu befolgen.

Gemäß der Weisheit *Frankls*, dass der Mensch ein *sinnvolles Ziel braucht, das er voll bejahen kann*, und gemäß der Weisheit *Sedlmayers*, dass *eine Sache, größer als die eigene, Ruhe vermittelt*, betrachtet *Lea* ihre Kunden fortan aus einem veränderten Blickwinkel. Wer sind sie? Sie muss zugeben: Wer in einer Apotheke ein- und ausgeht, ist meistens ein „homo patiens", ein „leidender Mensch". Er ist krank. Er hat Schmerzen. Ihn bedrücken Ängste vor der Zukunft, mitunter Todesängste. Oder seine Angehörigen sind krank. Haben Schmerzen. Machen ihm Sorgen. Wer kauft schon zum Vergnügen in einer Apotheke ein? Es mag vorkommen, dass nichts Gravierendes ansteht, doch der häufigste Kunde ist einer, der auf Hilfe durch entsprechende Hilfsmittel hofft.

Da er ein Leidender ist, verdient er Mitgefühl, Verständnis, Geduld. Er verdient es, besonders sanft und schonend behandelt zu werden, zumal er ohnehin „sein Päckchen zu tragen hat". Außerdem ist großzügig darüber hinwegzusehen, wenn er sich ein bisschen verwirrt und konfus benimmt, denn wer weiß, was ihn gerade plagt? Unter dem neuen Blickwinkel schämt sich *Lea* geradezu ihrer überschäumenden Aggressivität. Die muss sie loswerden! Aber wie? Während sie über die Paradoxe Intentions-Methode von *Frankl* nachliest, verdichtet sich ein gangbarer Weg in ihrer Vorstellung. Ja, so wird sie es schaffen! So kann es ihr gelingen, sich selbst zu überlisten!

Auseinandersetzen kann man sich nur mit einem Gegenüber. Der Schachspieler kann sich nur mit einem Gegenspieler messen (weshalb für Schachsingles „virtuelle Gegenspieler" programmiert worden sind). Fußballer brauchen die gegnerische Mannschaft als Ansporn. Will sich ein Mensch mit einem massiven Gefühlsaffekt auseinandersetzen, der ihn zu überwältigen droht, muss dieser Affekt sozusagen ins Gegenüber rücken, damit er als „Gegner" besiegt werden kann. Das kann dadurch erreicht werden, dass dieser Affekt aus der Gesamtpersönlichkeit ausgelagert und eventuell namentlich benannt wird. Wird zum Beispiel jemand von einer unsinnigen und übermäßigen Angst beherrscht, es könnte ihm etwas Peinliches widerfahren (wie Schwitzen, Herumstottern, Kollabieren …), so soll diese Angst sein „Maxi" oder sein „Kobold" sein, den er imaginativ beim Schopf packt, beutelt und zappelnd aus dem Fenster hängt. Will die Angst aufmucken, wird ihr kühl abgewunken, man habe momentan keine Zeit für sie. Schwitzen sei „cool", Herumstottern sei der letzte Modetrend, und Kollabieren wäre herrlich – ein kleines Nickerchen sei sowieso längst fällig. Mit derlei Geplänkel wird die Macht der Angst auf der Stelle gebrochen (der „Hofnarr" klatscht Beifall!) und das Gefürchtete bleibt aus, weil es allerhöchstens von der ausufernden Angst selbst hervorgerufen werden könnte.

Zur Demonstration sei ein Bericht von *R. W. Medlicott* von der Universität Neuseeland erwähnt.[4] Der Psychiater wandte die Paradoxe Intentions-Methode u. a. bei einer Patientin an, die von dem wiederkehrenden Alptraum gequält wurde, verfolgt und niedergestochen zu werden. Nacht für Nacht schrie sie laut auf, was ihren Mann aufweckte. Eine psychoanalytische Behandlung war ergebnislos geblieben. *Medlicott* empfahl der Patientin, ihre Alpträume künftig wie spannende Krimis zu genießen und „alles daranzusetzen, um sie zu Ende zu träumen, bis auch die Messerstecherei ein Ende habe". Der Psychiater fuhr fort:

4 Zit. in: Viktor E. Frankl, Die Psychotherapie in der Praxis, Wien 1982, 46.

„Was geschah? Es gab keine Alpträume mehr, aber der Schlaf des Mannes war nach wie vor gestört: Die Patientin schrie zwar nicht mehr auf, während sie schlief, aber dafür musste sie nunmehr so laut lachen, dass der Mann auch jetzt nicht ruhig schlafen konnte."

Offenbar ein *zu gutes* Ergebnis ..., schmunzelt *Lea* beim Lesen siegesgewiss. Nach analogem Muster wird sie ihrer unnötigen, überschwappenden Wut Mores lehren. Diese bekommt einen Symbolbegriff verpasst: Sie wird als „Wutball" deklariert, weil *Lea* die Wut in sich hochrollen fühlt, sowie sie sich über einen Kunden ärgert. Ab sofort spricht sie schon morgens beim Betreten der Apotheke innerlich mit ihrem Wutball. „Hör zu", sagt sie, „ab heute rollst du woanders hin. Dein Platz ist ab sofort im Papierkorb. Der ist groß genug für dich, und wenn dir sehr langweilig ist, darfst du ein wenig mit den Papierfetzen darin rascheln. Aber ich warne dich: wenn du wieder versuchst, meine Brust hoch und über die Theke zu meinen lieben Kunden hin zu rollen, dann werfe ich dich schnurstracks in den Karton mit den Injektionsnadeln. Die werden dich zuhauf stechen. Oder ich werfe dich mitten in die Babywindeln hinein. Da wirst du alsbald ordentlich nass werden. Und wenn du gar zu lästig bist, dann landest du in der Schreddermaschine ..." Je lächerlicher, je absurder, desto besser!

So gerüstet beginnt *Lea* ihren Arbeitstag lächelnd und entspannt. Überkommt sie einmal die alte Versuchung, genügt ein kurzes Nicken in Richtung Papierkorb. „Ja, ja, raschle nur", flüstert sie, aber vergiss die Injektionsnadeln nicht ...". Sogleich hat sie ihren Wutball wieder an der Kandare. Das Risiko mit der Schreddermaschine will er offenbar nicht eingehen ...

Vor einem starken pathologischen Affekt kann man nicht fliehen, er holt einen überall ein. Aber man kann ihm tapfer ins Gesicht sehen, ihm ins Gesicht lachen, mit ihm spaßen und Spielchen treiben. Man kann ihn übermütig herbeizitieren (Alptraum) oder ihn scherzhaft hinauskomplimentieren (Wutball). Das Wesentliche dabei ist, dass die geistige Person sich von ihrer psychischen Entgleisung einen Spaltbreit distanziert – gerade weit genug, um die Zügel ihrer Stärken in der Hand zu behalten und ihren Schwächen nicht zu verfallen.

Lange Zeit haben die Wissenschaftler in den *Tiefen der Seele* gebohrt, um die Herkunft und Wurzeln pathologischer Affekte bloßzulegen. Sie fanden eine Menge Mist. Inzwischen setzt sich in den Fachkreisen die Einsicht durch, dass sich nachhaltige Lösungen einzig in den *Höhen des menschlichen Geistes* abzeichnen. Langfristig werden es nicht die Affekte und auch nicht Hypothesen über deren Genese sein, die uns retten, sondern es wird ein Sinn- und Wertehorizont sein, der sich Geistigem erschließt und geistige Kräfte entfacht zur Zügelung jener destruktiven Elemente, die leider auch im Menschen wohnen – warum auch immer.

Fassen wir zusammen: Selbstbeschränkung ist möglich. Sie ist heilsam. Sie nimmt dem Zuviel das „zu" weg und addiert einen Teil des „Viel" zum Zuwenig dazu. Wer sein vieles Sitzen reduziert, läuft mehr. Was er dem Sitzen wegnimmt, gibt er dem „zu wenig Laufen" dazu. Es ist wie die Entrümpelung eines Gebäudes, das danach – ausgewogen möbliert – wohnlicher ist als zuvor. Nicht alles Ausrangierte muss im Müll landen. Brauchbares kann in leer stehende Räume übersiedeln. Das Fasten hat eine gewisse Verwandtschaft mit dem Teilen. Wer weniger einkauft, kann mehr Geld spenden. Wer weniger Zeit vergeudet, kann sie in zwischenmenschliche Nähe investieren. In unserer globalisierten Welt, in der die verarmten und hungernden Völker nicht mehr einsehen wollen, warum manche Völker in purem Luxus schwelgen, ist Teilen das Gebot der Stunde. Mitteilen, austeilen, verteilen … Man bedenke:

1. Was man an sich rafft, das türmt sich auf den eigenen Schultern auf. Dort drückt es schwer und trübt den Lebenselan ein.

2. Was man weglässt, was man hergibt, das erleichtert ungemein. Und schenkt sich in Form von Lebensaufschwung zurück.

Was behaupten die notorischen Schwarzseher? Unsere heutige Welt sei auf Talfahrt? Keine Bange! Die beiden Bremspedale „Bescheidenheit" und „Demut" funktionieren noch immer bestens …

April

Vom Wieder-Aufstehen, wenn alles zusammengebrochen ist

GEHEIMES WISSEN

Wenn das Gelb der Frühlingsblüten
sanfte Hügel, weite Wiesen
wieder leuchtend überspannt,
such' ich dankbar und in Liebe
das Geheimnis still zu hüten,
dass im frühlingshellen Land
all die neuen Lebens-Triebe
dort nur keimen, dort nur sprießen
wo noch stets zu unsren Füßen
die verwelkten, die verblühten,
abgestorben, ausgeschieden,
demutsvoll ihr Leben ließen.

Elli Michler

Fasten bedeutet einen freiwilligen Verzicht, und einen solchen zu leisten, ist schwierig genug. Wie steht es aber mit den uns aufgezwungenen Verzichten? Sie tapfer zu akzeptieren, potenziert den Schwierigkeitsgrad um ein Vielfaches.

Erinnern wir uns an *Susanne*, die niemals freiwillig auf ihr geliebtes Harfenspiel verzichtet hätte. Wozu auch? Ein Künstler will seine Kunst ausüben, und das soll er auch. Nein, das Schicksal höchstpersönlich hat ihr die Harfe aus der Hand gerissen – und ein Wozu war nicht in Sicht. Das Verlieren von Lebensinhalten, die hochrangige Werte für uns darstellen, zerschlägt stets die bisherige Ordnung, in der wir uns zurechtgefunden haben. Plötzlich herrscht Chaos, und wir liegen mitten darin, hingestreckt von einem Schlag, der gleichermaßen unbarmherzig wie sinnlos erscheint. Was jetzt?

Ulrike steckt in einer herben Midlife-Crisis. Zuerst ist ihre erwachsene Tochter ausgezogen, und dies halb aus Trotz und halb aus Protest. Die nachtschwärmerische Clique, mit der sie umherzieht, ist ständig Anlass zu Reibereien mit der Mutter gewesen. Danach ist *Ulrikes* Mann nach 26 zunehmend kriselnden Ehejahren ausgezogen, um bei einer jungen Frau einzuziehen. Er wolle noch etwas vom Leben haben, hat er lapidar erklärt. Unter dem Strich „vergnügen" sich Tochter und

Mann nun nach Gutdünken, wie *Ulrike* es sieht, während sie verbittert allein zu Hause hockt und sich grämt. Ist das der Dank für ihre redlichen Bemühungen um Ehe und Erziehung, alles nebst Teilzeitarbeit und Haushalt, während sie sich selbst kaum etwas gegönnt hat? Und was kann sie mit ihren bald 50 Jahren noch Schönes vom Leben erwarten? *Ulrike* ist zutiefst deprimiert.

Auch *Nina* ist verzweifelt. Ihre Ehe ist intakt, aber ihr 17-jähriger sportbegeisterter Sohn liegt nach einem Kajak-Unfall, bei dem er fast ertrunken wäre, im Wachkoma, und die Ärzte zweifeln, ob er jemals wieder das Bewusstsein erlangen wird. Wann immer *Nina* es zeitlich arrangieren kann, sitzt sie am Bett ihres Sohnes, starrt in sein Gesicht und schluchzt vor sich hin. Dabei vernachlässigt sie die beiden Mädchen, die sie noch zu Hause hat und ist auch sonst wie gelähmt: Nichts interessiert sie mehr. Der Schmerz um den verunglückten Sohn frisst sie schier auf.

Sowohl bei *Ulrike* als auch bei *Nina* sind gewohnte Ordnungen zusammengebrochen. Beide Frauen haben Grund zu klagen, aber das Klagen hilft in der Misere nicht viel weiter. Nicht, dass es nutzlos wäre, zu klagen und sich zu beklagen. Weinen und Trauer sind sinnvolle Begleiter von Abschieden, die geleistet werden müssen. Sie verleihen der verwundeten Seele eine Stimme, eine Ausdrucksform, mit der sie Kunde von ihren heftigen Gefühlsregungen geben kann. Wer hört diese Kunde? In erster Linie die *betroffene Person selbst*, und in zweiter Linie die *Mitwelt*.

Die *Mitwelt* wird dadurch zu Tröstungsversuchen aufgerufen. Aber die Möglichkeiten der Trostspendung durch die Mitmenschen sind begrenzt, speziell dann, wenn diesen kein ähnliches Leid widerfahren ist: Was hätten sie *Ulrike* und *Nina* Trostreiches zu sagen? Die *betroffene Person selbst* jedoch kann ihre geistigen Ressourcen aktivieren. Sie kann alle Register ihrer „Resilienz", also ihrer Fähigkeit zum „Wiederauferstehen" ziehen, und solche Register besitzt sie durchaus. Denn jedes Schicksal lässt sich, wenn nicht verändern, so zumindest mit verschiedenen Haltungen tragen, und darunter gibt es Haltungen, die Kraft zur Neuorientierung verleihen und das Leben unter veränderten Vorzeichen meistern helfen. *Viktor E. Frankl*, versierter Seelenarzt und (im Zweiten Weltkrieg) von Verfolgung und Torturen betroffene Person in einem, hat dazu im Buch „Logotherapie und Existenzanalyse" geschrieben:

„Worauf es ankommt, ist die rechte Haltung, ist das rechte, aufrechte Leiden echten Schicksals. Aufs Tragen kommt es an – darauf, wie man das Schicksal trägt, sobald man es nicht mehr in die Hand nehmen, vielmehr nur noch auf sich nehmen kann. Mit anderen Worten: wo keine Handlung mehr möglich ist – die das Schicksal zu gestalten vermöchte –, dort ist es nötig, in der rechten Haltung dem Schicksal zu begegnen."[5]

Was hätte *Frankl Ulrike* geraten, wäre sie in seine Praxis gekommen? Vielleicht hätte er so oder ähnlich argumentiert: Es ist kein schlechter Standort, in der Mitte des Lebens zu stehen. Man kämpft noch nicht mit diversen Altersmühen, muss aber auch nicht mehr die gröbsten Erfahrungen der Adoleszenz durchlaufen. Wie zum Beispiel *Ulrikes* Tochter, die gerade dabei ist, erste selbständige Entscheidungen zu treffen. Warum hat denn *Ulrike* den Umgang ihrer Tochter so kritisch beäugt? Wahrscheinlich hat sie sich um das Wohl ihrer Tochter geängstigt. Sollte sich später zeigen, *überflüssigerweise,* ist das prima! Dann wird das Töchterchen seinen Weg finden. Wenn aber *zu Recht,* wäre es gut, wenn die Tochter noch ein häusliches Refugium hätte, in das sie sich zur Not flüchten kann. Dem stehen allerdings die Animositäten zwischen Mutter und Tochter entgegen, und die können praktisch nur vonseiten der Mutter entschärft werden. Die Tochter ist zu trotzig dazu, und ein Vater ist nicht mehr da.

5 München 1987, 131.

Ulrike wäre also zu raten, versöhnliche Zeichen in Richtung ihrer Tochter auszusenden. Vielleicht ihr gelegentlich ein Päckchen zu schicken oder sie zu einem Imbiss einzuladen, ohne sich ihr aufzudrängen und ohne sie auszufragen. Es wäre *Ulrike* zu raten, ihre Meinung über die unerwünschte Clique zurückzuhalten und weitgehend kommentarlos zu ertragen, was ihr berichtet wird. Um das „Ertrage-Maß“ voll zu machen, wäre dazu noch zu empfehlen, ihre Tochter bei den seltenen Begegnungen nicht mit dem eigenen Kummer zu belasten oder gar über den untreuen Ehemann zu wettern. Je unerfreulicher die Kontakte verlaufen, desto weniger Beziehung wird die junge Frau mit ihrer Mutter haben wollen, und für „Vaters Sünden“ will sie auch nicht büßen. Im Gegenteil, es könnte leicht geschehen, dass sie dann Vaters Partei ergreift und der Mutter an den Kopf wirft, dass man es mit ihr eben nicht aushalten kann. Das alles ist viel verlangt von *Ulrike*, doch ließe sich solcherart eine Brücke über die vergangenen Zwistigkeiten bauen, was in ferner Zukunft ein besseres Mutter-Tochter-Verhältnis in Aussicht stellen würde.

Und was macht *Ulrike* mit ihrem eigenen Kummer, wenn nicht abladen bei der Tochter? *Abladen* kann sie ihn nirgends, und auch das Zertrümmern von Porzellan, Zerstechen von Luftballons und ähnliche Abreaktionsweisen, wie sie seitens gewisser Psychorichtungen vorgeschlagen werden, würden am Sachverhalt nichts ändern. Aber *verwandeln* könnte *Ulrike* ihren Kummer, und zwar in Wachstum. Soll ihre ganze innere Festigkeit von der Willkür eines Mannes abhängen? Davon, dass ein Mann abends zu ihr heimkommt oder nicht heimkommt? Dass ein Mann sie begehrt oder nicht mehr begehrt? Nein, jeder Mensch hat seinen Wert und seine Würde – bedingungslos. Sind wir begleitet, sind wir begehrt, ist das zweifellos angenehm, aber es ist keine „conditio sine qua non", keine Bedingung, ohne die es uns nicht gut gehen könnte. Außerdem ist, wie breit angelegte Untersuchungen bewiesen haben, Einsamkeit ein äußerst subjektives Empfinden. Zahlreiche Menschen, die beteuern, einsam zu sein, erhalten laut Zählung mehr Besuche von Verwandten und Bekannten als Menschen, die sich überhaupt nicht einsam fühlen. Auf die persönliche Haltung kommt es an, würde *Frankl* sagen.

Für *Ulrike* wäre es an der Zeit, sich auf ihren eigenen Wert zu besinnen. Warum nicht mit Zufriedenheit auf ihre bisherige Lebensleistung zurückblicken? 26 Jahre Gemeinsamkeit sind heutzutage ein beträchtliches Stück Partnerschaft. Eine Tochter zu erziehen ist auch kein Kinderspiel. Und eine gelungene Kombination von Beruf und Familie verdient Bestnoten. Will sie das alles rückwärts schmälern, bloß weil die „Ergebnisse“ nicht ihren Wünschen entsprechen? So ist es nun einmal: Die *Intentionen* sind unser, nicht die *Ergebnisse,* auf die mancherlei Zufälle und Fremdeinflüsse mit einwirken. Nein, die Ergebnisse, die nicht in ihrer Hand liegen, kann *Ulrike* ruhig aus ihren Händen entlassen. Sie darf Mann und Tochter in „Seelenruhe“ deren Selbstverantwortung übergeben und sich ihrer eigenen zuwenden.

Wofür ist *sie* verantwortlich? Ihren Körper zu pflegen, ihre Seele zu besänftigen, ihren Geist zu beflügeln. Warum nicht sich hübsch machen – nicht für einen Mann, sondern für sich selbst! Warum nicht ihr Heim an ihre individuellen Bedürfnisse anpassen? Warum nicht Ausflüge unternehmen, kulturelle Veranstaltungen besuchen, Wissen aufstocken, „Freiheit“ genießen? Warum nicht mit jeder Faser ihres Herzens demonstrieren, dass sie „jemand“ ist, der sich nicht zu verstecken braucht, der aber auch problemlos mit sich allein sein kann und unverplante Stunden klug zu nützen weiß? Gefiele ihr eine solche Identität? Wenn ja, nichts wie daran feilen! Nicht jeder bekommt mitten im Leben den Anstoß und die Chance, seine Identität frisch zu bedenken und zu überarbeiten.

Nina hat einen schweren Verlust erlitten, aber bei *Ulrike* dürfte weniger der Verlust eines ausgebüchsten Partners und einer aufmuckenden Tochter im Vordergrund stehen als vielmehr das „Loch", das beider Abwesenheit erzeugt, und eventuell die Kränkung, als die sie den Doppelauszug definiert. Sie könnte die Sachlage jedoch umdefinieren. Das „Loch" böte sich für exquisite Neufüllungen an, und dem Gekränktsein könnte sie jeglichen Boden entziehen, indem sie die restlichen Funken an Liebe, die sie noch für Ehemann und Tochter hegt, bündelt und beiden Personen deren jeweils gewählte Lebensart *innerlich erlaubt*. Es ist das Wundersame an der Liebe, dass sie in ihrem Ursprung ein Du meint und kein Ich. Dass sie nicht ein Selbst-Geliebt-Werden meint, sondern ein Für-andere-Gutes-Wollen. Ob sich Mann und Tochter mit dem abrupten Ausscheiden von daheim wirklich Gutes einhandeln werden, ist fraglich, aber wenn *Ulrike* ganz besonders großzügig ist, *erlaubt* sie ihnen den „Griff nach dem Glück", wie ihn die beiden eben verstehen. Und lässt die Türe für sie offen ... Welch eine Identität wäre das! Die Identität einer Auferstandenen!

Nina ist mit einer Tragödie konfrontiert. Daran ist nicht zu rütteln, und jedermann wird ihre Schockstarre nachvollziehen können. Es ist eine Art „Schutzstarre der Natur", die einsetzt, sobald ein Schicksalsschlag unermesslichen Ausmaßes einen Menschen zu zermalmen droht. Doch allmählich löst sich die Starre wieder, und dann muss um eine Haltung gerungen werden, mit der sich ertragen lässt, was zu tragen ist. In diesem Stadium könnte ein Gesichtspunkt für *Nina* hilfreich sein, den *Frankl* in dem Kernsatz zusammengefasst hat: *„Die Person ist störbar, aber nicht zerstörbar."*

Materielles ist zerstörbar. Jeder Stein zerbröselt, jedes Holz vermodert, jede organische Zelle zerfällt irgendwann. Geistiges „per se", jenseits des Materiellen, kann hingegen nur jenseits aller Zerstörbarkeit gedacht werden. Wenn wir also im menschlichen Wesen eine Art Personalunion von Geistigem und Materiellem sehen, wenn wir daran glauben, dass hinter unserem materiellen Leib eine geistige Person „steht", mit ihm verbunden und dennoch eigener Existenz, so bedeutet dies, dass selbst schwerste Krankheiten und Verletzungen diese Person nicht tangieren können. Es bedeutet nicht mehr und nicht weniger, als dass die geistige Person „fortbesteht" hinter den Mauern der sie umschließenden und einengenden Beschädigungen ihres Leibes.

Wir müssen uns einem solchem Glauben nicht anschließen, aber wie würde sich sonst erklären, dass man einen Toten immer noch lieben kann (seinen Kadaver?), dass man mit einem Toten Zwiesprache halten kann (mit Knochen und Hautfetzen?), dass man seit Urgedenken Tote in

Gedenkfeiern ehrt (verwesendes Fleisch?) …? Die geistige Person ist schon während ihres ganzen Lebens *nirgendwo* im Leibe – wo fände man sie, wenn man ihren Leib aufschnitte? – folglich ist sie auch nicht im Grabe. Sie ist im Raume nirgends …, überall …

Sitzt *Nina* am Bett ihres komatösen Sohnes, könnte ihr die Vorstellung, dass sie vor Mauern sitzt, *bloß* vor Mauern sitzt, die ihren Sohn unsichtbar machen und ihn daran hindern, sich zu äußern, Linderung verschaffen. Er ist da, ohnmächtig und versteckt hinter erloschenen Hirnzellen, aber unversehrt in seiner Personalität und Würde. Wer, wenn nicht die Liebe einer Mutter, vermöchte durch die Ritzen der Krankheitsmauer zu spähen? Wer, wenn nicht sie, vermag ihn über winzige geistige Kanäle anzurühren? Doch welche Botschaft will sie ihm zusenden? Dass sie am Schmerz zerbricht, dass seine Familie in Verzweiflung auseinanderbricht?

Zeichnen wir ein alternatives Bild: *Nina* bezieht ihren Sohn in ihr Leben ein. Sie bringt eine Klangschale mit, deren zarte Töne seinen Ohren wohltun. Sie plaudert mit ihm oder liest ihm etwas vor. Sie berichtet ihm von der Entwicklung seiner Schwestern. Sie cremt seine Arme und Beine ein und massiert sie zärtlich. Sie verabschiedet sich nach jedem Besuch mit einem Kuss und freut sich auf ihr Wiederkommen. Sie erfüllt die Aufgaben, die täglich auf sie warten, und lässt ihren Sohn daran teilnehmen. Es ist nicht eine strohhalmklammernde Hoffnung auf seine Genesung, die sie antreibt, sondern die Annahme seiner selbst, *so wie er gerade ist*. Daran, an dieser liebenden Annahme, könnte *sie* genesen.

Und er? Wir wissen nicht, was zu dem „eingemauerten" Sohn durchdringt, aber alles, was *jetzt* zu ihm durchdringt, labt seine Seele.

* * *

Ralph und *Robert* haben ebenfalls einiges zu bewältigen.

Ralph ist in eine Schuldenfalle getappt, indem er sich mit Krediten eingedeckt hat, die ihm geradezu die Kehle abgedrückt haben. Dass ihn seine Freundin dazu verleitet habe, ist eine ziemlich „faule Ausrede", denn schließlich hat *er* die Darlehensverträge unterschrieben und nicht *sie*. Noch „fauler" riecht die Ausrede, dass er, als er sich nicht mehr zu helfen wusste, wegen der Schulden in die Kasse seines Arbeitgebers gegriffen hat, und das entwendete Geld später zurückzahlen hat wollen. Jedenfalls ist sein jugendlicher Leichtsinn übel bestraft worden. Die Freundin ist er los, den Job auch, drei Monate hat er in Haft gesessen, und nun will ihn keiner mehr haben. Die Aussichten des 27-Jährigen sind düster. Er wird jede mickrige Arbeit annehmen müssen, die sich ihm bietet, und dennoch zur Tilgung seiner Schulden jahrelang bis zum Existenzminimum herabgepfändet werden.

Anders als Ralph ist der etwas ältere *Robert* für die schmerzliche Situation, in der er sich befindet, nicht verantwortlich. Er ist Eigentümer eines hypothekenfreien Hauses und sitzt beruflich fest im Sattel. Seine Installationsfirma floriert. Bis vor wenigen Monaten konnte er sich seiner geliebten Freizeitbeschäftigung, dem Golfsport, mit Leidenschaft widmen und im Winter regelmäßig nach Ägypten zum Golfen jetten. Was ist vor einigen Monaten passiert? Nun, eine Kette von Ereignissen: die Horrordiagnose „Darmkrebs", zwei fürchterliche Operationen mit Anlegung eines künstlichen Ausgangs, die Erfahrung, dass er plötzlich impotent ist (wobei die Ärzte auf eine psychosomatische Ursache tippen), eine von ihm eingeleitete Trennung von seiner Partnerin (weil er sich mit seinen Handikaps vor ihr geniert), ein Austritt aus dem Golfclub (weil er sich zu elend zum Spielen fühlt) und eine Gewöhnung an Sedativa, die er einnimmt, um seine seelischen Qualen zu verringern. Das ist ein wuchtiges Paket an

Schicksalsumbrüchen, das seine Aussichten nicht viel rosiger erscheinen lässt als die von *Ralph*. Abgesehen von dem Damoklesschwert „Metastasen", das fortan über *Robert* schweben wird, hat er auch sämtliche Freuden eingebüßt, die ihm bislang das Leben versüßt haben und die von Haus und Firma nicht aufgewogen werden können. Er verrichtet zwar robotergleich seine tägliche Arbeit, aber ohne innere Beteiligung, eher unter verbissenem Zwang oder halb betäubt aus der Pillenschachtel.

Wiederholen wir unsere obige Frage: Was hätte *Frankl* den beiden Personen in ihrer misslichen Lage geraten? *Frankl* verstand sich geradezu als ein „Anwalt" des leidenden Menschen, und ein Großteil seines literarischen Vermächtnisses ist der tragischen Trias im menschlichen Leben „Leid, Schuld, Tod" gewidmet. Immer wieder betonte er, dass niemand um diese Trias herumkommt, dass diese drei betrüblichen Gesellen in jedem menschlichen Dasein zu finden sind, sich früher oder später Beachtung holend, ob schleichend oder mit Gewalt, und dass es geradezu zu unserer wichtigsten „Testaufgabe" gehört, die es zu lösen gilt, *unser Leid in eine menschliche Leistung zu transformieren*. Ja, er ging soweit, zu behaupten: „Erst unter den Hammerschlägen des Schicksals, in der Weißglut des Leidens an ihm, gewinnt das Leben Form und Gestalt."

Fragen wir also, welche Form und Gestalt *Ralphs* Leben, in der Weißglut seines Unglücks umgeschmiedet, annehmen könnte? Als Erstes müsste die Vorstellung vom „reinsten Pech" aus dem „Gefieder" seines Selbstmitleids herausgestrichen werden. *Ralph* ist jung und gesund und hat – so Gott will – ein ausreichendes Zukunftsvolumen vor sich. Ausreichend dafür, dass er die krummen Pfade verlassen und auf geraden Wegen luftige Höhen erklimmen kann. Dummheiten, die man im Leben gemacht hat, sind „Lehrgeld", das nicht verschmäht werden sollte. Lernt man daraus, sind sie prächtig investiert.

Die größte Enttäuschung bzw. Desillusionierung aller Eltern, Lehrer und sonstiger Pädagogen war seit jeher die Erfahrung, dass sie ihre Schützlinge bedauerlich wenig vor Gefahren und Irrtümern bewahren können. Auch wenn sie ihnen noch so viele Mahnungen mitgeben, beeindruckt das ihre Schützlinge nur in geringfügigem Maße. Die junge Schar will alles selbst ausprobieren, und so kommt es, dass die Generationen jämmerlich langsam aus den Fehlern früherer Generationen lernen. Man kann offenbar mit Worten schwer transportieren, was „falsch" ist, weil in jedem Menschen der Drang steckt, immer wieder aufs Neue und von vorne zu erforschen, was „richtig" und was „falsch" ist. Wahrscheinlich ist es der dem Geiste angemessene Auftrag, die Suche nach „gut“ und „böse“ niemals abzubrechen – aus dem ewigen Sich-Sehnen und Sich-Ausstrecken nach einem „absolut Guten“ heraus, das alle Spaltung und Polarisierung aufheben würde (ob man es „Gottsuche“ nennt oder nicht). Jedenfalls ist mit leisem Unbehagen festzustellen, dass pädagogische Anleitungen nur bedingt wirksam sind.

Was hingegen einen Lernprozess stets gehörig ankurbelt, ist das Selbsterlebte und Selbsterlittene. Schon Kleinkinder lernen auf diese Weise am allerschnellsten. Greifen sie einem Hund ans Maul und schnappt dieser zu, dann merken sie sich sogleich, ihn das nächste Mal besser hinter den Ohren zu kraulen. Steigen sie beim Plantschen im Meer auf einen Seeigel, sind sie ohne Meutern bereit, in Badeschuhe zu schlüpfen. Fehler, die wir machen, haben durch ihre unangenehmen Folgen das Potenzial in sich, sich selbsttätig auszumerzen, weil wir lernen, sie künftig zu vermeiden. Das ist, genau betrachtet, geradezu ein immenses Wachstumspotenzial, von dem auch *Ralph* profitieren könnte.

Er wird allerdings nur profitieren, wenn er sich seine Schuld ehrlich eingesteht. Vom Schuld-auf-andere-oder-auf-die-Umstände-Schieben hat er gar nichts. Das Procedere seiner „Auferstehung“ aus der ganzen Malaise würde den folgenden Viererschritt von ihm verlangen:

1. Seine Fehler vor sich und anderen unbeschönigt zuzugeben.
2. Seine Fehler nach Kräften und Möglichkeiten wiedergutzumachen.
3. Zu überlegen, welchen Lerngewinn er aus seinen Fehlern ziehen kann.
4. Sich vorzunehmen, seine Fehler nicht mehr zu wiederholen.

Konkret würde dies bedeuten, dass sich *Ralph* bei seinem einstigen Arbeitgeber reuig entschuldigt, falls dies noch nicht geschehen ist, dass er seine Schulden willig abstottert, sofern ihm die Gläubiger nicht gnädig entgegenkommen, und dass Kredite und Diebstähle für ihn zeitlebens tabu bleiben. Ein solcher *Ralph* bekäme seine volle Selbstachtung zurückgeschenkt, was ihm helfen würde, bei seinen Bewerbungen mutig aufzutreten, sich zu seiner Vergangenheit zu bekennen und überzeugend zu versichern, dass sie bezüglich seiner Ausrutscher abgeschlossen ist.

Arbeitslosigkeit ist ein schweres Los, aber sie ist auch ein Spielraum für schöpferische Unternehmungen. Die viele unverplante Zeit, über die ein Arbeitsloser verfügt, kann eigenständig verplant werden. Wer, statt in Apathie zu versinken, seine physischen und psychischen Energien freisetzt, um sich sinnvoll mit einzubringen, wo immer jemand gebraucht wird, bezahlt oder unbezahlt, der fällt der sogenannten „Arbeitslosigkeitsneurose" (*Frankl*) nicht anheim. Da *Ralph* stark genug ist, hindert ihn nichts, durch die Straßen seiner Stadt zu ziehen und in den Geschäften und Gaststätten nachzufragen, ob Bedarf an Aushilfe besteht, in karitativen Einrichtungen vorzusprechen, ob ein Ehrenamt unterbesetzt ist, in Alten- und Pflegeheimen anzuklopfen und zu fragen, ob zwei zusätzliche Hände erwünscht sind, bei Speditionen und Lieferbetrieben seine Dienste anzubieten, bei Organisationen aller Art seine Unterlagen zu hinterlegen ... In Wirtschaftsflauten, in denen auf eine Arbeitsstelle hundert Bewerber kommen, muss man sich eben hunderteinmal um eine Chance bemühen. Dabei wäre das alles noch nicht das Wichtigste. Das Wichtigste für *Ralph* wäre es, mit bescheidenen Mitteln, dafür aber mit einem gesunden Stolz auf sich selbst weiterzuleben - im Wissen, dass seine Verfehlungen getilgt sind und dass er aus ihnen „geläutert" hervorgegangen ist.

Nicht nur *Ralph,* auch *Robert* sollte gegen die Versuchungen des Selbstmitleids und der Resignation ankämpfen. Während *Ralph* knapp am Rande der Armutsgrenze dahinkrabbelt, musste *Robert* längst einsehen, dass auch ein dickes Bankkonto nicht vor Unglück schützt. Was er jedoch noch nicht eingesehen hat, ist, dass Sedativa und Tranquilizer die Realität, der er so gerne entrücken möchte, nicht um einen Hauch verändern. „Der Akt der Hinschauens erzeugt den Gegenstand (unserer Frustration) nicht, und der Akt des Wegschauens vernichtet ihn nicht", hat *Frankl* klipp und klar erklärt. Künstliche Ruhigsteller dämpfen nur kurzfristig die psychischen Folgen realer Belastungen, beheben aber nicht einen schlechten Umgang mit jenen Belastungen, sondern sind selbst ein solcher. Da sie Schläfrigkeit erhöhen und Reaktionsvermögen verringern, erschweren sie nachweislich jede Art von konstruktiver Frustrationsbewältigung.

Unvergleichlich besser eignen sich Bewegung und körperliche Ertüchtigung, um mit belastenden Realitäten zu Rande zu kommen. Dafür gibt es einen physiologischen Grund, nämlich das biologische Erbe in uns. In grauer Vorzeit bestand eine belastende Realität generell darin, dass unsere Ahnen von wilden Tieren angegriffen wurden. Sie mussten sich unter Anspannung aller Muskeln verteidigen oder flüchten, und für beide Fälle öffnete (und öffnet auch heute noch) der Organismus seine Reserven. Der Kohlehydrat- und Fettstoffwechsel wird stimuliert, Fett und Zucker werden aus den Speichern zur Verbrennung in der Muskulatur freigesetzt. Das Problem ist, dass heute die Nutzung dieser Powerspender ausbleibt, weil seelisch belastete Personen am

Schreibtisch sitzen, den Kopf in die Hände gestützt, oder auf dem Sofa herumlungern und vor dem Bildschirm wegdriften – kurzum, ihre Muskeln überhaupt nicht strapazieren. Die Ausschüttung von Fett und Zucker ist dieselbe, aber die Verwertung nicht, und das erweist sich als gesundheitlich gefährlich!

Da *Robert* sowieso ein Sportsmann ist, wäre es jammerschade, wenn er sich vom Golfspiel gänzlich zurückziehen würde. Gewiss haben ihn die operativen Eingriffe geschwächt, was aber nicht bedeutet, dass er nicht über den Rasen marschieren, sich nach Bällen bücken oder einen Schläger schwingen könnte. Leistungsansprüche wären zurückzuschrauben – na und? Jede Betätigung im Freien stärkt den Kreislauf, jeder sauerstoffreiche Atemzug fördert die Heilung. Es ist wie mit seiner Partnerschaft – warum das Handtuch werfen? Warum hat er nicht der Frau an seiner Seite aufrichtig gesagt, was ihn bedrückt bzw. dass seine sexuelle Kapazität nachgelassen hat? Wenn sie ihn liebt, hätte sie sich nicht daran gestoßen. Außerdem ist Liebe viel zu erfinderisch, um sich bei körperlichen Einschränkungen nicht mehr „inkarnieren" zu können. Und sie ist primär ein geistig-seelisches Band, von keinem Skalpell zu durchschneiden.

Überdies ist gar nicht gesagt, dass *Robert* seine Virilität nicht wiedergewinnen wird. Was ärztlicherseits als psychosomatische Verdachtsdiagnose formuliert worden ist, hat wahrscheinlich ebenfalls mit *Roberts* schlechtem Umgang mit seinen Belastungen zu tun. Im Jahr 2001 gab es in Deutschland eine groß angelegte Untersuchung an Verkehrs- und Unfallopfern mit der Fragestellung, wie sie ihr Leben nach dem dramatischen Unfallereignis beurteilen würden. Die Befragung fand während ihres Klinik- oder Kuraufenthaltes statt. Die Antworten wurden auf einer Skala von 0 bis 10 einsortiert. Wobei 0 bedeutete, dass der Befragte kognitiv wie emotional nur um seinen Unfall kreiste, voller Wut, Erbitterung, Hass oder Selbstzerfleischung war, ständig über den Unfallhergang nachgrübelte und beteuerte, dass sein Leben „danach" nie wieder lohnenswert sein werde. Das andere Extrem 10 bedeutete, dass der Befragte seinen Unfall tapfer hingenommen hatte, sich kognitiv wie emotional mit der Umstrukturierung seines Lebens beschäftigte, alle Anstrengungen unternahm, rasch wieder fit und mobil zu werden und froh war, noch am Leben zu sein. Die Interimszahlen entsprachen den Meinungsabstufungen dazwischen, mit 5 als indifferenter Mittelposition. Nach diesem Skalierungsvorgang wurden die Rehabilitationserfolge der Unfallopfer gemessen. Das Ergebnis konnte nicht eindeutiger sein und überraschte selbst die Mediziner, die schon vorher signifikante Zusammenhänge zwischen den inneren Einstellungen ihrer Patienten und deren Erholungsfortschritten vermutet hatten. Die Gruppe der mit 0 – 2 Eingestuften benötigte bei annähernd gleich schweren Verletzungen *doppelt so viel Zeit*, um einigermaßen kuriert nach Hause entlassen werden zu können, wie die Gruppe der mit 8 bis 10 Eingestuften. Der Unterschied machte Wochen und Monate aus! Und: Bei den mit 0 bis 2 Eingestuften gab es (wiederum bei annähernd gleich schweren Verletzungen) *um ein Drittel mehr* bleibende Behinderungen und therapieresistente Unfallschäden als bei den mit 8 bis 10 Eingestuften. Es ist schon erstaunlich, welch enorme Auswirkungen geistige Sichtweisen auf die körperliche Ebene haben. Darüber sollte man *Robert* aufklären …

Zweifellos würden ein Absetzen der Sedativa, eine Wiederaufnahme sportlicher Aktivitäten, eine aufrichtige Aussprache mit seiner Expartnerin und eine positivere Beurteilung seines „Lebenswertes" *Roberts* körpereigenem Immunsystem helfen, seine Krankheit einzudämmen oder zumindest ihr Fortschreiten hinauszuschieben. Wobei selbst die Sache mit dem Anus präter „mehrgesichtig" ist – und keineswegs bloß ein Übel. Noch vor 100 Jahren wäre *Robert* ein Todeskandidat gewesen, weil ein derartiger chirurgischer Kunstgriff noch nicht durchführbar war. Freilich, die „Todeskandidatur" ist damit nicht aus der

Welt geschafft – ist es für niemanden. Aber unsere Hoffnung richtet sich ja nicht darauf, ewig zu leben, sondern darauf, die Lebensspanne, die wir noch vor uns haben (sei sie kurz oder lang), *sinnvoll gestalten zu können*, und diese Hoffnung dürfen sowohl *Ralph* als auch *Robert* in ihrer Seele nähren, denn sie ist vollkommen berechtigt.

* * *

Der April ist der Monat, in dem Christen an die Auferstehung Jesu denken. Die Natur unterstreicht diesen Gedanken mit der grünen Üppigkeit, die sie aus den dürren Resten des Winters hervorknospen lässt. Auch an den neuronalen Schaltstellen des tierischen und menschlichen Nervensystems wird (vom totalen oder tendenziellen „Winterschlaf") auf „Sommerbetrieb" umgestellt. Es ist die perfekte Zeit, um aus einer Verzweiflung „aufzustehen", sich vom Darniederliegen zu erheben und aus sämtlichen gebrochenen Lebensresten ein Gefäß neuer Hoffnung zu kitten.

Man versäume sie nicht, diese gesegnete Zeit, in der sich die Wunder vollziehen. Denn sie vollziehen sich nicht nur in den alten Überlieferungen, auf den

Bäumen und Wiesen, im Hormonspiegel des Blutes. Sie vollziehen sich auch im allerinnersten Personenkern – wenn wir es zulassen.

Mai

Vom Aufblühen beim Pläne-Schmieden und Ziele-Setzen

KLEINES GEBET

Du, der die Seeschwalbe
niemals verlieren lässt
Richtung und Ziel auf dem Flug,
gibst auch für meinen
eigenen Aufbruch die Weisung.
Dank' ich Dir, Gütiger
jemals genug?
Dir sei Lobpreisung!

Elli Michler

Im 3. Jahrhundert vor Christus hat ein griechischer Gelehrter namens Aristarch die Erde als einen Planeten bezeichnet, der sich um die Sonne dreht. Natürlich hat ihm damals niemand geglaubt, und beweisen konnte er seine Vorstellung auch nicht. Erst 1543 Jahre n. Chr. hat Kopernikus diesen Tatbestand neu entdeckt, und selbst danach blieb seine Entdeckung lange umstritten.

Diese kleine Geschichte ist symptomatisch dafür, dass wir Menschen Suchende sind – und manchmal auch Findende, oft aber Irrende. Und dass wir dennoch mit dem Suchen nicht aufhören dürfen, weil uns sonst das Finden gänzlich entgleiten würde. „Wissenschaft“ ist praktisch nichts anderes als die kontinuierliche Suche nach dem Findbaren, und gestritten wird stets dort, wo ein Findeprozess noch nicht abgeschlossen und der Status des Herumirrens nicht überwunden ist. So kommt es, dass in den „Geisteswissenschaften“ vom Menschen- bis zum Gottesbild die unterschiedlichsten Auffassungen kursieren, und dass darunter Extreme wie reduktionistische „Nackte-Affen-Menschenbilder“ oder anthropomorphe „Rache-Gottes-Bilder“ ihr Unwesen treiben. Wer könnte schon behaupten, er hätte die Wahrheit über den ganzen Menschen oder gar über eine „Macht“, unendlich über dem Menschen, herausgefunden? Diesbezüglich stolpern wir von einem Stein des Irrtums zum nächsten.

Helge, von Beruf Postbote, ist ein religiöser Fanatiker. Er glaubt felsenfest daran, dass alles Leid, das ein Mensch erfährt, die Vergeltung für begangene Schandtaten ist und dass nur ein „züchtiger" Lebenswandel in Buße und Askese vor den Höllenpforten zu schützen vermag. Sein Moralbegriff ist so eng, dass er sich selbst masochistisch knechtet. Damit nicht genug. Er traktiert auch seine Mitmenschen mit düsteren Aussichten auf dräuende Gottesstrafen und verurteilt ihre fröhliche Ausgelassenheit aufs Schärfste. Mitunter überreicht er bei seinen Botengängen Pamphlete, die in den meisten Haushalten sofort im Papierkorb landen - und wenn nicht, dann bloß Kopfschütteln erzeugen.

Jutta ist eine nüchterne Frau, die allen „esoterischen Hokuspokus" vehement ablehnt. Sie ist Gemeinderätin, gebildet, selbstsicher und ein bisschen herrisch. Mit dem Pfarrer des Orts liegt sie in ständigem Clinch. Für sie sind seine Predigten genauso heuchlerisch wie der jährliche Weihnachtsrummel, und dass es einen Gott geben soll, noch dazu einen *liebenden* Gott, der den grenzenlosen Unbarmherzigkeiten der Natur und den pausenlosen Gemeinheiten der Menschheit gleichgültig zuschaut, dünkt sie blanker Hohn. Man plagt sich ein paar Jahrzehnte lang, und dann krepiert man - aus, fertig, mehr ist da nicht, so ihre Ansicht. Wie es ihr damit geht? Na ja, darüber denkt sie nicht nach.

So konträr die Auffassungen von *Helge* und *Jutta* sind, *eines* ist den beiden gemeinsam: Sie schmieden kaum Zukunftspläne. Die Zielsetzungen beider Personen gipfeln im Vermeiden: *Helge* will tunlichst alle Sünden vermeiden, die ihn einer „Verdammnis" preisgeben könnten, und *Jutta* will tunlichst alle Plagen vermeiden, die doch überflüssig sind, wenn am Ende nichts von ihr übrig bleibt. Also kasteit sich *Helge* und schont sich *Jutta*. Aber weder Selbstkasteiung noch Selbstschonung sind Lebensstile, die die besten Anlagen eines Menschen zu ihrer Entfaltung bringen.

Eine weitere Gemeinsamkeit verbindet die beiden, die sich, würden sie einander kennen, aufs Heftigste bekriegen würden, nämlich ihre soziale Isolierung. Jedermann schaudert vor Wortgefechten mit ihnen zurück und ist froh, ihnen nicht zufällig in die Arme zu laufen. An Drohpredigten und ebenso an überheblichem Zynismus hat niemand Bedarf. Soziale Isolation aber ist den Bestanlagen eines Menschen ebenfalls nicht förderlich. In der Summe hemmen „verquere Bilder" jegliche Persönlichkeitsentfaltung.

Das Traurige dabei ist, dass wahrscheinlich weder *Helge* noch *Jutta* zu helfen ist. Menschen mit extremen Weltanschauungen igeln sich in ihre fanatischen Überzeugungen ein und stellen gegenüber sämtlichen vernünftigen Argumenten ihre Stacheln auf. Es wäre zu unerträglich für sie, müssten sie einsehen und zugeben, dass sie Jahrzehnte lang, vielleicht ein Leben lang einem fürchterlichen Irrtum erlegen sind, dem sie sich völlig untergeordnet haben. So etwas kann einen schon aus der Bahn werfen! Dagegen ist das trotzige Verharren im Irrtum viel angenehmer, obwohl es ein ständiges Ankämpfen gegen sich einschleichende Zweifel erfordert. Und wenn einmal Zweifel gesät sind, vermehren sie sich wie Unkraut.

Überlegen wir, wie man bei *Helge* und *Jutta* die Zweifel schüren könnte. Diesbezüglich hat *Viktor E. Frankl* mit seiner Fokussierung auf den Sinnbegriff das große Los gezogen, denn der Sinnbegriff kann noch vor der Spaltung in ein theistisches und in ein atheistisches Lager angesiedelt werden, dafür nicht aber jenseits spezifischer Humanität. Das heißt, das in uns Menschen verankerte Suchen und Streben nach Sinn ist sowohl inkompatibel mit einem rein animalischen Menschenbild als auch mit einem auf Rache gründenden Gottesbild. Es macht uns zu „mehr als Affen" und weckt in uns die Ahnung von einem unbegreiflichen „mehr als alles". Auf dieser Linie des

Suchens und Strebens nach Sinn sich weiterzubewegen ist daher Balsam für in extremen Ideen verfangene Seelen.

Helge, der ein gläubiger Mensch ist, müsste eigentlich nur seinen Respekt ein wenig umpolen. Ist er „erhaben" genug, zu wissen, was Gott will, was Gott verbietet, was Gott verzeiht, was Gott nicht verzeiht …? Ist er „ebenbürtig" genug, Gottes Absichten zu durchschauen, Gottes Emotionen zu deuten, Gottes Sanktionen vorherzusagen? Wer ist er, der kleine Briefträger vom Dienst, dass er sich anmaßt, das Bild eines Tyrannengottes zu zeichnen, der sämtliche „Untergebene", die nicht vor ihm kriechen und nicht vor seinen gestrengen Geboten erzittern, in die Kerkerzellen irdischer Ungemach oder postmortaler Feuersglut wirft? Respekt, *Helge*, ein bisschen mehr Respekt! Bleib bescheiden, bleib ein Suchender, *Helge*, suche auf der Ebene deines winzigen Erkenntnishorizontes, suche nach Sinn im Hier und Jetzt, in deinem Alltagsleben, und du wirst wenigstens einen Hauch von dem finden, was unendlich jenseits deines Horizontes liegen mag!

Man kann nicht oft genug wiederholen, dass Sinn genauso transsubjektiv ist wie die Planetenbahnen (um auf Aristach bzw. Kopernikus anzuspielen), die nicht *er*funden, sondern nur *ge*funden, eben *herausge*funden werden können. Sinn ist die Stimmigkeit von Person und Situation, ist das erreichbare Optimum für alle Beteiligten, ist die innere Balance mit dem eigenen Gewissen, ist die verwirklichungswürdigste aller Möglichkeiten, die zu einem bestimmten Zeitpunkt zur Auswahl stehen. Für einen gläubigen Menschen wie *Helge* könnte sich im zu erfassenden Sinn ein „höherer Wille" andeuten – vorbehaltlich der vielen Denkfehler und Gefühlstäuschungen, die bei uns Menschen vorkommen. Was also wäre zum Beispiel sinnvoll, wenn *Helge* seine beruflichen Runden dreht? Sicher nicht, dass er seine Kunden belastet, erschreckt. Wären stattdessen freundliche Begegnungen sinnvoll? Da ein nettes Wort, dort eine kurze teilnahmsvolle Nachfrage? Das klingt okay, sagt sein Gewissen. Was wäre sinnvoll allein zu Hause? Sicher nicht, dass er seine vitalen Regungen unterdrückt und Zerknirschung praktiziert. Wem nützt das etwas? Freie Kapazitäten wollen sinnvoll genutzt werden. Warum nicht sich theologisch weiterbilden, wenn er daran interessiert ist? Einen Kurs in Philosophie belegen? Warum nicht Büchereien aufsuchen und im Gedankenschatz anderer „Suchender" stöbern? Vielleicht könnten Museen, Ausstellungen, Volkshochschulkurse u. Ä. seine Aufmerksamkeit fesseln und frische Impulse vermitteln. Was exakt zu ihm passt, kann hier nicht erraten werden, aber es wird sein Gewissen durchtönen, wenn er diesem sorgfältig lauscht und es nicht mit irrationaler Höllenfurcht zupflastert.

Erst wenn *Helge* gelernt hat, auf den „Sinn des Augenblicks" zu horchen, der ihm durchaus auch triviale Freuden erlaubt, wie ein feines Essen zu genießen, sich sonntags wohlig auszuschlafen oder mit dem Motorrad eine Spritztour zum Badesee zu unternehmen …, erst dann wird er zunehmend in der Lage sein, längerfristige Sinnprojekte zu antizipieren. Man darf und soll auch ins Diesseits planen, sagt sein Gewissen, das von selbstgestrickter peinigender Askese und dementsprechendem Vermeidungsverhalten nichts hält, sondern stets zur Persönlichkeitsentwicklung einlädt, wenngleich nicht ungebremst und nicht asozial. Wer behauptet denn, dass es nur egoistische Ziele gibt mit dem Zweck, sich irgendwie zu bereichern? War es nicht eine Vision, die die Friedensnobelpreisträgerin Mutter Teresa einst nach Indien geführt hat? Sie, von der der Spruch stammt: „Was zählt, ist nicht die Gabe selbst, sondern die Liebe, mit der du sie gibst." Abgewandelt für *Helge*: „Was zählt, ist nicht dein Vorhaben, das du dir leistest, sondern der Geist, in dem du es anstrebst." Er will *gottgefällig* leben? Okay, dann soll er sich ein besonders schönes Ziel setzen, ein liebevolles Ziel, eines, das seinen Ambitionen entspricht, aber darauf verzichtet, „Dunkelheit austreiben zu wollen", und sich stattdessen darauf konzentriert, „Helligkeit zu verbreiten“. Es gibt genügend Nischen in unserer Welt, die ein wenig mehr „Licht“ vertragen könnten. Und - verbreitete Helligkeit leuchtet immer bis in die eigene Seele hinein.

Jutta ist nicht von „Teufeleien“, sondern vom Nichts geblendet. Es gibt außer handfester Materie nichts, und von ihr selbst bleibt nichts, so ihr Glaube, wodurch sie schließlich auch eine „Gläubige“ ist - auf ihre Art. Die Ermahnung zum Respekt wäre analog passend: Reicht es aus, gebildet und politisch sattelfest zu sein, um ein Urteil darüber zu fällen, „was die Welt in ihrem Innersten zusammenhält“? Selbstbewusstsein ist eine Zier, aber Selbstüberheblichkeit ist ein Manko, und der Übergang dazwischen ist hauchdünn.

Ziehen wir wieder den Sinnbegriff zu Rate. Gerade die Politik eignet sich, um dessen Transsubjektivität zu erläutern. Bekanntlich gibt es verschiedene politische Parteien, und bekanntlich scheint meistens jeder Partei etwas anderes sinnvoll, umgesetzt zu werden. Doch Schein ist nicht Sein. Bei aktuellen Problemen und anstehenden Entscheidungen wäre jeweils *ein* bestimmtes Vorgehen das Sinnvollste (zum Wohle aller), ob es nun zu den jeweiligen Parteiprogrammen passt oder nicht, ob es das Prestige der beteiligten Politiker hebt oder senkt, ob es von den Suchenden gefunden wird oder nicht. Und es findet sich am ehesten dort, wo das Ringen darum vom Gestrüpp angepeilter Eigenvorteile und vorgefertigter Meinungen gesäubert wird und sich wahrhaftig auf die Sinnfrage zuspitzt, die im Letzten nur vom persönlichen Gewissen der Verantwortlichen beantwortet werden kann. Wenn *Jutta* wirklich etwas gegen Heuchelei einzuwenden hat, wenn sie vom Elend der Massen auf unserer Erde bewegt wird („Wie kann es einen liebenden Gott geben?“), dann trägt sie Ideale im Herzen. Dann ist sie gar nicht so nüchtern, wie sie tut. Dann könnte sie damit einverstanden sein, dass sinnvolle Entscheidungen *wichtig* sind, weil sie folgenschwer sind, unter Umständen für Generationen. Es gäbe dann plötzlich anvisierte, von ihr bejahte Werte im Leben, und es gäbe Bleibendes über ihr Leben hinaus. Beschließt sie zum Beispiel mit, dass ein Kindergarten in ihrer Gemeinde um ein sonderpädagogisches Angebot aufgestockt wird, dann haben gehandikapte und milieugeschädigte Kinder aus dem Umfeld eine veritable Chance zur Reintegration in die „Normalität“, raus aus permanentem Außenseitertum, aus sich einnistenden Minderwertigkeitskomplexen, aus einer Vergangenheit, die sie bis in alle Zukunft einholt. Warum sollte eine solche Initiative nicht über *Juttas* Tod hinaus Früchte tragen? Es braucht nicht einmal eine Gemeindechronik, um daran zu erinnern. Denn nicht die Erinnerung, sondern das real Gewesene ist das Unauslöschliche.

So gesehen, würde es sich für sie lohnen, sich zu plagen, zumindest insofern, als der Aufwand an Plage sinnvollen Entscheidungen auf den Weg hilft. Ideale wollen geerdet werden. Überhaupt sollte *Jutta* ihrem Herzen mehr Weisheit zutrauen als ihrem Kopf. Sie muss keinen Zugang zur Religion haben; ihr Zugang zu den Menschen wäre schon ein ausgezeichnetes Startkapital, um dem Nihilismus zu entrinnen. Schließlich: Wem dient ihre tägliche Arbeit in der Gemeinde?

Freilich: Trifft sie sich mit ihren Kollegen in den örtlichen Gremien, legt man sich nicht gerne mit ihr an, fürchtet ihre scharfe Zunge. Sogar Spaziergänger auf den Straßen weichen ihr gelegentlich aus. Aber das müsste nicht sein. Vielleicht verbirgt sich hinter ihren kritischen und verletzenden Kommentaren eine verletzliche Frau, die heilere Zustände ersehnt, als sie vorherrschen. Ist doch äußere Härte oft ein ruppiger Schutzschild gegen innere Weichheit. Auf der Zielgeraden auf anvisierte Werte hin, die exakt zu solch heileren Zuständen beitragen würden, fände *Jutta* wahrscheinlich den Mut, ihren Schutzschild abzulegen. Und in der „entblößten Weichheit" wäre es ihr möglich, zu verstehen, dass es manche Menschen tröstet, in die Kirche zu gehen, dass es manche Menschen erfreut, Weihnachten zu feiern etc. – und dass es nicht sinnvoll ist, ihnen Trost und Freude madig zu machen.

Fassen wir zusammen: Ziele kann man sich nur setzen im Vertrauen darauf, dass nicht alles sinnlos ist. Man kann sie nur setzen in einem bewussten oder unbewussten „Gottvertrauen", das heißt, in einem Grundvertrauen darauf, dass weder ewige Verdammnis noch ewige Zerstörung das letzte Wort haben werden. Ebenso gilt die Umkehrung: Mangelt ein derartiges Grundvertrauen, kann die Setzung von sinnvollen und wertorientierten Zielen Verkrustungen sprengen und Verhärtungen aufweichen. Schon *Martin Luther* soll für das Pflanzen eines Apfelbäumchens plädiert haben – angesichts zerberstender Welten. Auch *Viktor E. Frankl* verordnete sich selbst ein solches Notrezept. Als er 1945 in einem bayerischen Lager an Fleckfieber erkrankt und am Rande des Verhungerns darniederlag, begann er nachts sein verloren gegangenes Buchmanuskript zu rekonstruieren, mit stenographischen Notizen auf winzigen Zetteln. Dass er diese Nächte überleben würde, war damals kaum zu erwarten. Seine Stenogramme trugen nach menschlichem Ermessen den Stempel „vergeblicher Liebesmüh'". Und dennoch ist das schon kurz nach seiner Befreiung gedruckte Buch „Ärztliche Seelsorge" bis heute ein Standardwerk höchster Qualität für Fachärzte und Psychologen geworden.

* * *

Diana ist keine weltanschauliche Extremistin, sondern eine Taufscheinchristin, repräsentativ für die säkularisierte abendländische Gesellschaft. Allerdings gibt es auch in ihrer Geschichte ein Extrem. Sie ist besessen von dem Wunsch, gertenschlank zu bleiben, und jongliert seit Jahren am Rande der Magersucht. Noch fängt sie sich in Etappen wieder, aber in ihrem malträtierten Körper kriselt es bereits. Die Hormone beginnen zu streiken, euphorisch-luftige Wohlgefühle bei leerem Magen sowie verfälschte Einschätzungen ihrer Proportionen narren sie. Ermahnungen ihrer besorgten Verwandten schlägt sie vehement in den Wind. Vor Autoritäten will sie sich auf keinen Fall mehr beugen.

Im Grunde weiß sie genau, dass sie ein riskantes Spiel spielt, aber sie glaubt sich noch stark und siegessicher, und ihre Jugend bestätigt sie in diesem Glauben - wenn auch „mit Ablaufdatum", weil die erlebte Stärke aus Reserven gepumpt wird, die nicht mehr genügend aufgefüllt werden. Die einmal zu Ende sein werden. In einer „verrückten" Zwiespältigkeit weiß *Diana* darum und glaubt es doch nicht. Jedenfalls schiebt sie diesen Gedanken weit von sich. In einer gewagten Parallele zu *Helge* und *Jutta* wäre auch bei *Diana* mehr Respekt am Platz, nämlich Respekt vor dem Wunderwerk des eigenen Körpers, den wir uns nicht selbst gegeben haben, den wir vielmehr als „Leihgabe“ erhalten haben mit der Verpflichtung, ihn pfleglich zu behandeln und uns seiner dankbar zu erweisen. Leider ist *Diana* für solche Erkenntnis zu unreif …

Was könnte sie also bewegen, zu einem geordneten Essrhythmus zurückzukehren? Eine schwierige Frage, an der sich Ärzte und Therapeuten landauf, landab die Zähne ausbeißen. Die junge Frau hat keinen Leidensdruck, erfüllt sich ihren heißen Figurwunsch, fühlt sich (fälschlicherweise) euphorisch und stark, glaubt an ihre Zukunft, trotzt scheinbaren Gängeleien seitens Autoritäten, was ihr zusätzliche Genugtuung verschafft, und ist mit dem Status quo „zufrieden“. Man kann nicht einmal auf die natürliche Trumpfkarte „Hunger“ bauen, weil das Hunger-Sättigungszentrum in ihrem Gehirn funktional längst beeinträchtigt ist. Kein Motiv zur Veränderung ist in Sicht, und ohne Motiv ändert ein Mensch nichts.

Aber vielleicht ist *doch* ein Motiv zu eruieren. Sich im Status quo zu suhlen, ist kein Anreiz für einen jungen Menschen. Unternehmen wir mit *Diana* eine Zeitreise, fliegen wir mit ihr imaginativ zu einer *Diana*, die zehn Jahre älter ist. Was sieht sie, wenn sie aus der „Zeitmaschine“ aussteigt und sich selbst, um zehn Jahre gealtert, begegnet? Wen trifft sie da? In welchen Bezügen findet sie die Ältere vor? Es ist eine *geistige* Trumpfkarte, auf die wir bei dieser Fantasieübung bauen, nämlich die Sehnsucht nach einem gelingenden Leben, die in jede Menschenseele eingraviert ist. Was (oder besser wen) also sieht *Diana*?

Es ist zu hoffen, dass eine Vision Konturen annimmt. Sieht sich *Diana* als hübsche Besitzerin eines kleinen Bioladens, die ihre Kunden mit einem Lächeln empfängt, mit Stammkunden fachsimpelt, an Kinder zuckerfreie Kekse verschenkt? Sieht sie sich vielleicht als diplomierte Ernährungsberaterin, die im Auftrag einer Behörde regelmäßig Kurse zur Gesundheitsvorsorge abhält? Oder hat sie den „Esskomplex“ endgültig abgestreift und sich anderen Ufern zugewandt? Sieht sie sich als mondäne Fremdsprachensekretärin in einer Agentur mit internationalen Kontakten? Als Modejournalistin bei einer beliebten Frauenzeitschrift? Als Stewardess bei einer Fluglinie?

Es heißt, man soll sich seine Ziele nicht zu hoch stecken, um Enttäuschungen zu entgehen, aber manchmal müssen sie hoch genug sein, um das Erreichbare zu erreichen und den Höchsteinsatz aus einem Menschen hervorzulocken. Egal, was sich *Diana* an der Zehnjahresmarke erträumen mag, es erfordert jedenfalls, dass sie noch am Leben ist, dass sie noch bei physischen und kognitiven Kräften ist und dass sie auch schon die Zeit zuvor körperlich imstande war, eine anstrengende Ausbildung zu absolvieren. Schließlich möchte sie nicht aus der Zeitmaschine aussteigen und die ältere *Diana* als dahinsiechendes Gerippe, als berufsunfähige Einsiedlerin oder am Friedhof antreffen …

Könnte man somit eine konkrete Vision mit *Diana* erarbeiten, die sie begeistert, dann ließe sie sich vielleicht darauf ein, aus dem Status quo wie aus einem sie umspinnenden Kokon herauszuschlüpfen, ihre Schmetterlingsflügel zu entfalten und auf das anvisierte Ziel zuzufliegen, „unangenehmes“, aber notwendiges Essen inklusive. Dann würde sie „in Gottes Namen“ mittags und abends ihre Teller füllen, ungern und nicht hungrig, aber vom Verstand beauftragt, die zielrelevante Energiezufuhr sicherzustellen. Sie würde sozusagen der älteren *Diana* die Hand reichen und sich von ihr aus dem Schlankheitswahn herausziehen lassen – ihrem erträumten Leben entgegen.

* * *

Der Monat Mai überschüttet uns verschwenderisch mit einem Blütenmeer. Aufgewühlt staunen wir über die ringsum an den Zweigen hängende Pracht und die bunten Facetten aus der unerschöpflichen Kunstkammer der Natur. Da hemmt sich immer wieder der Schritt wie von selbst, um andächtig stehenzubleiben und zu schauen. Aber die Blüten dienen nicht nur der Erbauung des menschlichen Auges. Jede Blüte trägt in sich das Versprechen auf Frucht. Jeder Dolde wohnt eine noch unsichtbare „Vision" auf spätere Erfüllung inne. Gewiss: Wind, Frost, Hagel werden so manche zarten Gebilde zerschlagen, aber wenn der Herbst kommt, werden dennoch Früchte an den Ästen hängen und das Versprechen der einstigen Blütenpracht einlösen.

So soll es auch bei uns sein: Wir blühen auf beim Pläne-Schmieden und im Ziele-Setzen, und obwohl sich später so mancher Traum zerschlägt, wird am Ende genug an Lebensfrucht vorhanden sein, dass die zarten Regungen von einst ihren Sinn gehabt haben.

Deswegen gilt: Haben wir uns in irgendetwas verrannt, sind wir in eine Sackgasse gestolpert, in Wirrnisse verstrickt, von extremen Ideologien umgaukelt …, dann können gute Visionen neuen Auftrieb gewähren. Und wann sind sie „gut"?

Visionen sind gut, wenn sie
1. langfristig, konkret und umfassend,
2. vernünftig, aber kühn,
3. innerhalb, aber am Rande des Erreichbaren,
4. attraktiv, aber zu nötigen Opfern motivierend,
5. sozial und rücksichtsvoll zur Mitwelt,
6. vom Gewissen genehmigt sind.

Visionen sind hingegen nicht gut, wenn jedes Mittel berechtigt erscheint, zu ihrer Verwirklichung ergriffen zu werden. In Wirklichkeit „heiligt“ kein Zweck die Mittel, sondern es „entheiligen“ die schlechten Mittel den besten Zweck, wie *Frankl* erläutert hat. Gute Visionen sind Verheißungen, denen man gar nicht anders als *mit Liebe* nachkommen kann.

Juni

Von der Freundschaft, Kollegialität und Fairness

UNTERSCHIED

In jungen Jahren
sucht der Mensch den Streit.
Doch später,
da versteht er – und verzeiht.
Braucht auch der Unterschied,
der zwischen beiden menschlichen Gebaren
besteht, ein wenig Zeit,
so wie das Wachsen von erst blonden
und dann grauen Haaren:
Am Ende ist er himmelweit
und schließt mit etwas Wunderbarem.

Elli Michler

Wir haben bedacht, dass extreme Ansichten und Positionen die Menschen spalten, weil sie die Toleranz der „Gegenpositionierten" überfordern und Unverständnis hervorrufen. Jede Form von Fanatismus weckt die Stimme der Opposition und sät Zwietracht. Auch in den Familien sind festgefrorene Meinungen häufige Steine des Anstoßes. Der krankhaft eifersüchtige Ehemann, die ständig auf Ordnung pochende Ehefrau, die ihre Kinder auf Erfolg drillende Mutter, der überaus geizige Vater – sie alle beschwören Widerstand und Widerwillen herauf, was in nervenaufreibende Streitigkeiten ausartet. Um die zwischenmenschlichen Beziehungen ist es – auch in politisch stabilen Ländern – nicht so positiv bestellt, wie wir es uns wünschen würden.

Dem Mai wird nachgesagt, dass er der „Wonnemonat" sei, der Monat, der die Herzen vereine. Im Mai wird bevorzugt geheiratet, werden viele Kinder gezeugt. Mag sein, dass diese in unseren Breiten besonders anmutige Jahreszeit die zärtlichen und erotischen Seiten der Menschen stimuliert. Dass sich in ihr mit Leichtigkeit neue Bande knüpfen. Es erhebt sich jedoch die Frage, was *nach* dem „Wonnemonat" kommt? Wie geht es weiter *nach* dem Rausch der ersten Verliebtheit? Glorifizierungen sind „ach so trügerisch" … Der Juni lädt ein, dem „Danach" nachzugehen!

Astrid ist seit vier Jahren verheiratet. Ihr Mann ist ein richtiger „Strahlemann", der es versteht, Witz und Charme zu versprühen. Er ist Lehrer an einer Fachoberschule und „Hahn im Korb" bei den Damen, Schülerinnen wie Kolleginnen. Er flirtet nicht und pflegt auch keine heimlichen Affären, aber er hat einen intensiven Umgang im Lehrerkreis, führt lange persönliche Gespräche mit seinen Schülern und betätigt sich über seinen eigentlichen Lehrauftrag hinaus als Schlichter, Freund und Seelentröster bei allen auftauchenden Problemen. Es ist nur natürlich, dass er spät am Nachmittag groggy und ausgelaugt nach Hause kommt und für seine *Astrid* keine „Strahlkraft" mehr übrig hat.

Aus ihrer Sicht ist sie das Aschenputtel, das die Hausarbeit erledigt, sich um seine Garderobe kümmert, ihn mit einem frisch gekochten, warmen Essen empfängt und seine Monologe über die diversen schulischen Widerwärtigkeiten ergeben anhört. Sie schleicht selbst an Sonntagen leise durch die Wohnung, um ihn bei seinen Unterrichtsvorbereitungen nicht zu stören. Da sie ihren Mann liebt, hat sie dieses „Schattendasein" vier Jahre lang ertragen. Dann ist ihr der Geduldsfaden gerissen, und sie ist in einer „Nacht-und-Nebel-Aktion" mit Umzugswagen und etlichen Möbeln ausgezogen. Jetzt herrschen raue Töne zwischen den beiden, und es wird nicht mehr lange dauern, bis sich zwei Scheidungsanwälte reichlich Geld verdienen.

Auch *Sonja* ist im Lehrberuf tätig. Sie arbeitet mit Grundschülern und hat den Eindruck, dass ihre Arbeit von Jahr zu Jahr schwerer wird. An manchen Tagen kostet es sie geradezu Überwindung, den Klassenraum zu betreten. Das mag am Zuwachs der Kinder mit geringen Deutschkenntnissen liegen, oder am Zuwachs der unausgeschlafenen bildschirmverwöhnten Kinder, oder einfach daran, dass sich *Sonja* allmählich dem Rentenalter nähert und schon ziemlich erschöpft ist. In diesen täglichen Trott hinein platzt plötzlich die wüste Anschuldigung eines Elternpaares, *Sonja* habe ein Mädchen falsch beurteilt, habe es infam unter Druck gesetzt und ihm dadurch den Übertritt ins Gymnasium verdorben, ja *Sonja* trage Schuld daran, dass dieses Mädchen nunmehr mit Selbstmord drohe und teurer klinischer Behandlung bedürfe.

Sonja ist perplex. Das Mädchen, um das es geht, ist eine eher lernschwache Schülerin ihrer Klasse, ungeeignet fürs Gymnasium, ein stilles Kind, das sich kaum je geäußert hat. Es schien mit seinen Gedanken stets mehr abwesend als anwesend zu sein. *Sonja* hat ein paar Mal versucht, seine Aufmerksamkeit auf den Unterrichtsstoff zu lenken; vergeblich. Und jetzt dieser massive Vorwurf seiner Eltern, untermauert von einem ärztlichen Gutachten, demzufolge der Verdacht auf schulische Repressalien nicht auszuschließen sei! Der Schuldirektor ist hochgradig verärgert, die Presse lauert sensationslüstern auf ehrenrührige Schlagzeilen („Treiben Lehrer ihre Schüler in den Selbstmord?"), der Wirbel an der Schule ist groß. *Sonja* ist reif für einen Nervenzusammenbruch.

Na, da ist allerlei schief gelaufen! Im symbolischen „Mai" gab es noch sechs Personen in Normalsituationen: Zwei Lehrpersonen, die ihren Beruf mit relativ viel Elan bzw. Erfahrung ausübten, eine liebevoll sorgende Ehefrau und ein Elternpaar, das eine positive Laufbahn für sein introvertiertes, verträumtes Kind anstrebte. Im „Juni danach" gab es sechs unglückliche Personen, trudelnd zwischen Wut, Angst, Empörung und Schuldzuweisungen. Hätten spezielle Vorbeugemaßnahmen diese Unglücke verhindern können? Vielleicht schon, weswegen wir solchen nachspüren wollen.

Weil die Bevölkerungszahl auf der Erde exponenziell zunimmt, besonders in den städtischen Ballungsräumen, und die Globalisierung fortschreitet, rücken die Menschen immer näher zusammen. *Kontaktfähigkeit*, und in einem damit die *Friedensfähigkeit*, wird das begehrteste Gut der Zukunft sein. Wer seine zwischenmenschlichen

Kontakte friedfertig gestalten kann, wird König sein im Königreich einer sich rasant verändernden, von Aufständen und Fluchtbewegungen gebeutelten Welt. Er wird Lebensqualität bewahren können, wo Lebensquantitäten aufeinander prallen und gefährliche Aggressionsketten auslösen.

Diese Kontaktfähigkeit ruht auf einem Doppelfundament auf, nämlich auf *Dialog* und *Einfühlung*. Man könnte von einem kognitiven und einem emotionalen Fundament sprechen, die gemeinsam das friedliche Miteinander stemmen.

Astrid dürfte viel zu lange das klärende Gespräch mit ihrem Mann versäumt haben. Warum hat sie ihm nicht von ihrem „Aschenputtel-Unbehagen" erzählt? Warum ihn nicht gebeten, auch ihr etwas von seinem „Gute-Laune-Sprühregen" zukommen zu lassen? Das Gespräch hätte weder mit Vorwürfen beginnen, noch mit Vorwürfen enden müssen. Bei einigem Einfühlungsvermögen hätte *Astrid* durchaus Verständnis für ihren Mann signalisieren können. Freilich dürfe er sich zu Hause erholen, dürfe er abends den inneren Computer „abschalten" oder sonntags die entspannte häusliche Atmosphäre für dringende berufliche Vorbereitungen nutzen. Nur: Auch eine Ehe sei wichtig und müsse regelmäßig auf Glanz poliert werden, um nicht zu verrosten. Wie wäre es, miteinander Ideen zu sammeln, wie sich ihre Partnerschaft reaktivieren ließe in einer für sie beide angenehmen Form? Und welche Zeitfenster ließen sich dafür reservieren?

Dasselbe gilt für *Astrids* Mann, der gar nicht gemerkt haben dürfte, dass die Gespräche mit seiner Frau über Schulangelegenheiten lediglich zu seiner eigenen Entlastung dienten, an ihr vorbeigingen und sie langweilten. Der sich kein Jota in sie und ihre Lage hineinversetzt hat. Ein ehrlicher Dialog, bei dem die unterschiedlichen Befindlichkeiten aufgezeigt und verdeutlicht worden wären, hätte ihm diesbezüglich die Augen öffnen können. Jedenfalls früher, als es die leer geräumte Wohnung tat, die er nach vier Jahren Partnerschaft eines Tages vorfand. Mehr noch, ein solches Gespräch in Klarheit und gegenseitigem Mitgefühl hätte ihn wahrscheinlich zu Verhaltensvariationen ermuntert, die eine leere Wohnung gar nicht erst hätten entstehen lassen.

Auch in *Sonjas Fall* haperte es an klärender Kommunikation. Die Lehrerin und die besorgten Eltern haben sich nicht zu einem Brainstorming zusammengefunden, um die Entwicklung des Mädchens zu erörtern. Hätte *Sonja* den Eltern sachlich dargelegt, dass für deren Tochter ein Gymnasialbesuch derzeit nicht sinnvoll sei, weil er nur zu Misserfolgserlebnissen führen würde, die das Kind zunehmend verstören könnten, wäre die Eskalation vielleicht unterblieben. Und hätten die Eltern dem Mädchen ihre bedingungslose Zuneigung versichert, unabhängig von seinen schulischen Fortschritten, wären suizidale Fantasien beim Kind wahrscheinlich gar nicht erst entstanden.

Es ist zuzugeben, dass auch freundliche Gespräche mitunter fruchtlos bleiben, wenn einer der Beteiligten auf stur schaltet und absolut nicht mit sich reden lässt. Dennoch sind sie allemal den Versuch wert, den ersten, den zweiten, den wiederholten Versuch. Das Hoffnungsvolle dabei ist, dass sich Dialog und Einfühlung gegenseitig „erleichtern". Erklärt ein Ich einem Du, was das Ich umtreibt, woran es leidet, weswegen es traurig ist etc., so erleichtert dies dem Du, sich in das Ich einzufühlen. Hört das Du – um Einfühlung in das Ich bemüht – ohne rasches Zwischenfunken zu, so erleichtert dies dem Ich, sich offen kundzutun. Wechseln sich die Kommunikationspartner im Erklären und Zuhören ab, und haben sie dazu noch den Anstand, einander diejenige Zeit zu gewähren, die Klarstellungen eben brauchen, ohne dass sie brüsk unterbrochen werden, dann ist der Weg freigeschaufelt zum Wir: *Du und Ich, wir* haben etwas verstanden. *Wir* suchen jetzt nach Reformen, Abmachungen, Konfliktlösungen. *Wir* einigen uns auf einen neuen gemeinsamen Kurs.

Sind ein Ich und ein Du einmal dahin gelangt, wird der angepeilte Kurswechsel garantiert gewinnbringend für beide sein.

Es ist höchst bedauerlich, dass selbst hochrangige Politiker, wenn sie z. B. in TV-Talkshows aufeinandertreffen, sich keiner solchen Gesprächskultur befleißigen. Das Zuhören, wenn ihre Kontrahenten am Wort sind, ist schon nicht ihre Stärke, und jegliches Einfühlungsvermögen ist ihnen meistens völlig abhanden gekommen. Jeder hat nur sein Ich im Blick: Was *ich* sage, ist richtig, was *ich* verspreche, ist glaubwürdig, *ich* bin der Gescheite, der Tüchtige, der Rat und Ausweg Wissende … Kein Wunder, dass sich Rat und Ausweg in Wirklichkeit versperren, wo das Du ausgeklammert wird und ein Wir gar nicht existiert …

Was *Astrid* und *Sonja* betrifft, haben wir bisher „vergossene Milch" betrachtet, denn das Versäumte ist – wie so oft – nicht nachholbar. Die unbearbeiteten Konflikte haben bei beiden Frauen genügend Schaden gestiftet. Trotzdem könnten die Friedensboten „Dialog und Einfühlung" immer noch ausgesandt werden. Sie sind es gewohnt, steiniges Terrain zu beackern.

Astrid hat jahrelang innige Gefühle für ihren Mann empfunden. Könnte sie letzte Spuren davon einsammeln und ihn zu einem Gespräch einladen? An einen ruhigen, neutralen Ort, der mit keinen wehmütigen Erinnerungen verwoben ist? Mit all den Scherben im Rücken wäre es allerdings anstrengend für sie, vorwurfsfrei zu beginnen. Außerdem müsste sie nicht nur ihr „Aschenputtel-Unbehagen“ erklären, sondern auch, wie es zu dem unangekündigten Auszug unter Mitnahme der vielen Möbel kam, und wahrscheinlich wäre eine darunter gemixte Entschuldigung nicht verkehrt. An Einfühlung in ihren Mann sollte es gleichfalls nicht fehlen. Es wäre zwar leicht für sie, sich seinen Schock und seinen Eindruck des totalen Überrumpelt-worden-Seins (den sie möglicherweise sogar beabsichtigt hat) vorzustellen, doch es ehrlich in Worte zu kleiden, ist nicht einfach. (Die hochrangigen Politiker befürchten in solchen Fällen einen „Gesichtsverlust“, als ob es nicht Größeres zu verlieren gäbe …; ohne Einfühlung glätten sich die Aggressionswogen nicht.) Zurück zu *Astrid*: Wenn sie nach Kräften Klarheit geschaffen hat, wäre ihr zuletzt noch die Selbstüberwindung abverlangt, ihrem Mann so lange schweigend zuzuhören, bis er seinerseits über sich und seine Sichtweisen Klarheit schaffen kann – und seinerseits an Einfühlung in seine Frau nicht gespart hat. Sollte das alles an einem angenehmen, neutralen Ort über die Bühne gehen, stünden die Zeichen gut, dass der nächste gemeinsame „Bühnenakt“ ohne Anwälte gespielt werden kann.

Sonja hätte es noch schwerer als *Astrid*, Friedensboten auszusenden. Ungerechtfertigte Vorwürfe einzustecken, ist eine Tortur. Alles im Menschen bäumt sich doppelt dagegen auf: gegen den Vorwurf und gegen das Unrecht. Außerdem ist die Sachlage inzwischen derart verkorkst, dass *Sonja* sich an mehreren Fronten bewähren müsste. Trotzdem gäbe es sie: die sinnvollen Alternativen zum „Nervenzusammenbruch", der alles ja bloß verschlimmert.

Da wäre das dringend notwendige Gespräch mit den Eltern des Mädchens. *Sonja* sollte es suchen und es führen im Bewusstsein, dass *sie* die Pädagogin ist. Eltern wird man (leider) auch ohne pädagogische Kenntnisse. Von den Eltern kann sie keine Einsichten erwarten, die *ihr* geläufig sind. Am besten würde sie sogleich anerkennen, dass die Eltern sich über das Wohl ihres Mädchens ernste Gedanken machen: Sie könne auch verstehen, dass die Eltern höchst alarmiert sind. Sie, die Lehrerin, teile die Sorgen der Eltern und wolle ihnen Informationen geben, die für sie hilfreich sein können. Mit einer solchen Gesprächseröffnung würde *Sonja* wahrscheinlich erreichen, dass die Eltern ihr *zuhören*, wodurch sie die Gelegenheit bekäme, den Entwicklungsstand des Mädchens zu skizzieren und überzeugend darzulegen, wie schädlich es ist, auf das Kind Druck auszuüben.

Als erfahrene Pädagogin wird *Sonja* längst ahnen, dass der elterliche Vorwurf, *sie* habe das Kind unter Druck gesetzt, eine Projektion eigener Verfehlungen der Eltern war. Nur wer selbst Terror ausübt, denkt in Terror-Kategorien. Die Eltern mögen zu Hause auf „Gymnasium-Niveau“ gepocht haben, was ihrer Tochter, die dem Drängen der Eltern nicht entsprechen konnte, die Lust am Leben vergällt hat. Und als sich das Drama zuspitzte, musste eine Schuldige her … Ist *Sonja* großzügig, drückt sie diesbezüglich ein Auge zu und prophezeit den Eltern, dass sich das Mädchen seelisch erfangen werde, sobald es seiner Eignung und seinem individuellen Tempo gemäß lernen darf, ohne dabei die Liebe der Eltern zu riskieren.

Dasselbe Thema wäre ein Interview mit den Reportern wert, die den Skandal umschwirren. *Sonja* könnte davon Abstand nehmen, sich zu rechtfertigen (was lediglich den Gegenstimmen Nahrung gäbe) und sie stattdessen bitten, in einem verantwortungsvollen Artikel darauf hinzuweisen, dass Eltern, Lehrer, Ärzte und andere Kontaktpersonen möglichst an einem Strang ziehen müssen, um den jungen Menschen den Start ins Leben zu ebnen, und dass es dabei nicht primär um Leistungen geht, die aus den Kindern herauszuholen sind, sondern um ein allseitig harmonisches Kooperationsklima, in dem sie am besten gedeihen.

Schlussendlich böte sich noch ein Vieraugengespräch *Sonjas* mit dem Schuldirektor an, in dem der klärende Aspekt im Vordergrund stehen könnte. Wenn die altgediente Lehrerin seine Solidarität vermisst hat, darf sie es auch deutlich sagen – verbunden mit der Einfühlung in seine Situation; er muss ja für den Ruf seiner Schule geradestehen. Das alles ist enorm viel von ihr verlangt, aber der Friede, der innere wie der äußere Friede, ist auch enorm kostbar, vielleicht das Kostbarste überhaupt zwischen uns Erdenbürgern. Man braucht nur ein paar Momente lang den täglichen Nachrichtensendungen zu lauschen, um das zu begreifen.

* * *

Zur Abwechslung seien zwei gelungene Beispiele eingeblendet. *Richard* ist ein älterer Herr im Rentenstand, der sich eine kleine, pflegeleichte Wohnung gekauft hat, um darin gemütlich seinen Lebensabend zu verbringen. Was er nicht gewusst und erst nach seinem Einzug festgestellt hat, ist, dass die Mauern des Hauses recht dünn sind und dass über ihm ein junger Mann wohnt, der in seiner Freizeit laute Jazz- und knallharte Rockmusik zu hören pflegt. In der kleinen Wohnung entkommt *Richard* den auf ihn herabrieselnden Schallwellen nirgends. Sein Nachbar über ihm drosselt zwar vorschriftsmäßig die Lautstärke der Musik ab 22 Uhr, aber an den Wochenenden muss *Richard* lange am „Kunstgenuss" des „Obigen" teilhaben, was für ihn keineswegs ein Genuss ist. Freunde raten ihm, sich beim Nachbarn oder bei der Hausverwaltung zu beschweren. Aber *Richard* probiert eine klügere Gangart.

Er lädt den jungen Mann von oben zu einem Kennenlern-Imbiss zu sich ein, und siehe da, der Junge erscheint samt Freundin und bringt eine Weinflasche mit. Bei Kaffee und Brötchen erkundigt sich *Richard* nach den Plänen der beiden, die sich mit Gelegenheitsjobs durchschlagen. Mehr und mehr entwickelt sich ein „väterliches" Gespräch, an dessen Ende *Richard* ein großes Lob anbringt. Er lobt die beiden dafür, dass sie es schaffen, sich ihren Unterhalt zu verdienen, dass sie auf krumme Touren verzichten und dass sie abends um Zehn ihre Lieblingsmusik leise drehen, sodass er wenigstens unbehelligt schlafen kann. Von Stunde an ist die Lautstärke der Klänge, die zu ihm durchdringen, vermindert. Nachdem er auch noch die Decken seiner Wohnung mit Dämmplatten hat ausstatten lassen, kehrt die Ruhe in sein Heim ein, die er sich ersehnt hat. Wann immer er dem jungen Mann von oben oder dessen Freundin begegnet, gibt es zudem einen erfrischenden kleinen Plausch – in einem streitfreien Haus.

Heiner sitzt wie zwischen zwei Mühlsteinen, die ihn zerreiben. Ein typischer „Schwiegermutter-Schwiegertochter-Konflikt" wird ständig über ihn ausgetragen. Seine Mutter konfrontiert ihn bei jedem Kontakt gnadenlos mit den Schwächen seiner Frau, und seine Frau bombardiert ihn mit ihren Protesten gegen die Einmischung seitens seiner Mutter. Als es ihm zu bunt wird, setzt er sich mit den beiden Damen an einen Tisch.

Er hält eine Broschüre in den Händen und erklärt, dass er darin wertvolle Anregungen gefunden habe. Es ist eine Abhandlung über den Umgang der Generationen miteinander. Darin steht, dass die Jüngeren den Älteren Verständnis, Dank und Ehrfurcht entgegenbringen mögen, jedoch ohne Unterwürfigkeit. Und dass die Älteren den Jüngeren Akzeptanz, Vertrauen und Toleranz entgegenbringen mögen, jedoch ohne Selbstverleugnung. *Heiner* sagt den beiden Damen, dass er nur für seine Person sprechen könne, dass er sich aber in Zukunft antrainieren wolle, dieser Anregung Folge zu leisten. Er werde sich – dabei blickt er seiner Mutter ins Gesicht – um Verständnis, Dank und Ehrfurcht bemühen.

Die Mutter ist gerührt und stottert ein bisschen verlegen, dass sie ihrerseits bislang wohl nicht genügend Akzeptanz, Vertrauen und Toleranz für das junge Paar aufgebracht habe, dass sie sich aber – dabei blickt sie ihrer Schwiegertochter ins

Gesicht – ebenfalls darum bemühen wolle, „sich zu bekehren“. Im nachfolgenden Schweigen räuspert sich *Heiners* Frau, weil ihr ein Kloß im Halse steckt. Na ja, stammelt sie schließlich – und blickt dabei ihrer Schwiegermutter ins Gesicht –, mehr Akzeptanz und Toleranz wären in der Tat nicht schlecht. Da wäre sie selbst auch bereit, die Regeln der Broschüre zu beherzigen … *Heiner* umarmt seine beiden „Damen“, drückt jeder eine Textkopie in die Hand und beteuert, wie stolz er auf seine Familie sei. Er spürt, wie die „Mühlsteine“ auseinanderzurücken beginnen, und atmet tief auf.

Round-table-Gespräche, Familienkonferenzen und ähnliches Konfliktmanagement bewegen sich nur dann einem guten Ende zu, wenn die *Einfühlung* in die anderen Teilnehmer mit im Bunde ist. Die Klarstellung, worin ein Zankapfel besteht bzw. was die eigenen Anliegen sind, reicht nicht zu einem guten Ende! Ein Gleichnis soll das Grundproblem transparent machen:

Zwei Menschen A und B sitzen an einem Tisch einander gegenüber. Zwischen ihnen auf der Tischplatte befindet sich eine Teetasse mit nur einem Henkel. Schaut A auf diese Teetasse, sieht er sie mit dem Henkel nach rechts gerichtet. Schaut B auf dieselbe Teetasse, sieht er sie mit dem Henkel nach links gerichtet. Das ist logisch, weil A und B die Tasse aus gegenüberliegenden Perspektiven ansehen. Die zwei Tassenbeobachter können sich nun streiten, ob der Henkel in die rechte oder in die linke Richtung zeigt, sie können sich die Köpfe einschlagen, aber nichts davon „löst" die Divergenz auf. Das einzig wirklich „Lösende" wäre es, die Plätze zu tauschen. Jeder der beiden verstünde plötzlich ... *Das* ist das Wundermittel der Einfühlung: Jeder versetzt sich in die Lage des anderen – und versteht ...

Sogar bei eingefleischten Feindschaften rüttelt bereits der Versuch einer *Einfühlung in den Feind* an den aufgetürmten Wällen von Hass und Gegenhass. Feinde werden nämlich bei anhaltender Feindschaft kaum mehr als „Menschen" wahrgenommen. Sie bekommen vermeintliche Teufelsfratzen umgehängt. Egal was sie tun oder lassen, es wird vom Gegner stets negativ interpretiert und mit bösen Absichten garniert. Aus ihrem Feindimage gibt es kein Entrinnen mehr. Es sei denn, einer von ihnen (am besten jeder von ihnen) rafft sich zur Einfühlung in den Gegner auf. Die Einfühlung in einen Feind macht aus einem „Feind mit Teufelsfratze" sogleich einen „Feind mit menschlichem Antlitz". Das erlaubt neue Anläufe zur Entfeindung.

Am Max-Planck-Institut in München sind Einfühlungsvermögen und Mitgefühl mit anderen Menschen als „Königsdisziplinen" bezeichnet worden, nachdem die Neurowissenschaftler entdeckt haben, dass diese Fühlvorgänge die Bindungs- und Belohnungsregionen im Gehirn aktivieren und solcherart die Psyche beflügeln. Es ist merkwürdig, wie sich immer wieder uralte Weisheiten in modernen Studien bestätigen: Wer sich fürsorglich und selbstüberschreitend an andere Menschen herantastet, der schmiedet an seinem eigenen Glück – je weniger intendiert, umso sicherer.

* * *

Der Juni ist in vielen europäischen Schul- und Lehrbetrieben der Monat der Jahresabschlussprüfungen. Er könnte der Monat sein, in dem wir Erwachsenen überlegen, ob nicht auch bei uns noch etwas auf dem Prüfstand steht. Welches Zeugnis würden wir für die Fächer „Beziehung“ und „Partnerschaft“ bekommen? Welche Noten stünden bei den Fächern „Freundschaft“, „Kollegialität“, „Fairness“? Machen wir uns nichts vor, lügen wir uns nicht in die eigene Tasche, wenn uns unser imaginäres Zeugnis beschämt. Wir dürfen die Prüfungen wiederholen! Bereiten wir uns sorgsam darauf vor. Und im nächsten Juni … halten wir vielleicht, um im Bild der Prüfung zu bleiben, unser Zeugnis mit Freude empor: Im Fach „Konflikt- und Friedensfähigkeit“ steht eine glatte Eins …

Merken wir uns als Vorbereitung für die Wiederholungsprüfungen folgende Kürzel:

1. Menschen haben unterschiedliche Sichtweisen (vgl. Teetasse). Das erzeugt Konfliktpotenzial. Je enger Menschen zusammenleben, desto mehr.

2. Ein Konfliktpotenzial lässt sich nur entschärfen per Gespräch plus Einfühlung in den/die jeweils anderen.

3. Vorwurfsvolle Gesprächsführung führt lediglich dazu, dass die Aggressionen beim Angegriffenen anschwellen und er sich wütend verteidigt.

4. Einfühlsame Gesprächsführung führt hingegen dazu, dass sich der Raum für gegenseitiges Zuhören und Aussprechen-Können weitet.

5. In solch geweitetem Raum ist es richtig und wichtig, die eigene Sichtweise verständlich und unumwunden zu klären. Es darf formuliert werden, was einem missfällt.

6. Es gibt fast immer auch etwas Anerkennenswertes beim Konfliktpartner, das ebenso klar hervorgehoben werden soll.

7. Jeder der Beteiligten hat dasselbe Recht, seine Sichtweise darzulegen und (geduldig) angehört zu werden.

8. Die Klarstellungen bilden die Grundlage für die gemeinsame Suche nach „Friedenslösungen“, die für alle Beteiligten erträglich, wenn nicht sogar hilfreich sind.

Juli

Vom Segen der gern und gut getanen Arbeit

ICH WÜNSCHE DIR SIEBENMEILENSTIEFEL,

damit du Schritt halten kannst
mit dem Tempo der Zeit.
Solche Schuhe verleihen den Füßen Flügel
und bringen dich vorwärts mit Leichtigkeit.
Doch ist dir der Fort-Schritt
zu schnell und zu groß
und wünscht deine Seele sich eigentlich bloß
dass der Alltag sie aus seiner Eile entließe,
dann zieh' nur die Stiefel recht bald wieder aus,
geh barfuss über die Sommerwiese
und kehr glücklich zurück in dein Haus.

Elli Michler

Bei der Erörterung von *Sonjas* Problem im vorigen Kapitel ging es u. a. um die pädagogische Regel, möglichst keinen Druck auf Kinder auszuüben. Analog ist es unmoralisch, Druck auf erwachsene Personen auszuüben. Die dritte Regel im Kontext ist, sich selbst nicht unter Druck zu setzen. Nr. 2 und Nr. 3 haben fließende Übergänge. Es sind oft gerade diejenigen Menschen, die sich schnell einem fremden Druck beugen, die auch sich selbst gnadenlos schinden – und, wenn sie Gelegenheit dazu haben, andere „bedrücken". So grotesk es anmutet, aber ohne Druck von außen oder von innen kommen sie fast nicht in Bewegung.

Boris ist im Finanzamt angestellt. Er muss Steuerbescheide berechnen und verschicken sowie Steuereingänge prüfen. In seiner Arbeit spielen Termine eine große Rolle, denn alles muss zeitgerecht erledigt werden. Aber damit hat *Boris* seine große Not: Ständig hechelt er zwei Tage vor Ablauf einer Frist keuchend und gehetzt durch die Papierflut auf seinem Schreibtisch, vergisst die Hälfte, fängt wieder von vorne an, lässt die Mittagspause sausen, wühlt abends noch verschwitzt und nervös in seinen Unterlagen, ohne echtes Konzept und ohne zügig voranzukommen. Schuld an der Hektik sei der unmenschliche Termindruck, der auf ihm laste und ihn auspowere, behauptet *Boris*, und regt sich in den wenigen freien Stunden, die ihm verbleiben, über die Chefs auf, über den Staat, über die moderne Zeit und über alles, was ihm über den Weg läuft.

Silvia ist eine gute Bekannte von *Boris* und bläst in das gleiche Horn. Die Chefs, der Staat, die Zeiten sind desolat … *Silvia* ist Sekretärin in einer Fahrschule und muss sehr genau aufpassen, dass sie die Trainingsstunden der Fahrschüler richtig einteilt, dass stets genug Autos und Motorräder aufgetankt und gesäubert bereit stehen, dass Lehrerausfälle kompensiert werden, Krankmeldungen von Schülern berücksichtigt werden etc. *Silvia* ist eine angelernte Kraft mit Pflichtschulabschluss, aber sie hat sich mit Fleiß in ihren Aufgabenbereich eingearbeitet und beherrscht ihr Metier mittlerweile perfekt. Leider führt dies nicht dazu, dass sie sich an ihrem Arbeitsplatz wohlfühlt. Sie kämpft mit dem Phantom eines Sich-ununterbrochenen-überfordert-Fühlens, das ihr ihre Tätigkeit gründlich versauert.

Wir wollen nicht bezweifeln, dass *Boris* und *Silvia* reichlich zu tun haben. Trotzdem dürften sie von überflüssigen Gespenstern gejagt werden. *Boris* teilt sich seine Zeit nicht richtig ein und hat kein brauchbares System für seine Arbeit entwickelt. *Silvia* leidet unter einem vermeintlichen Stress, der nur in ihren Gedanken existiert. Theoretisch könnten beide dies ändern und von Stunde an gelassen ihrer Arbeit nachgehen, von keinerlei Ängsten aufgescheucht, dass sie dies oder jenes nicht schaffen werden - nicht fristgerecht (*Boris*) oder nicht zur Zufriedenheit der Firmenleitung (*Silvia*). Es würde vielleicht sogar ihre Lebenserwartung verlängern, denn eine sich über Jahre hinziehende innere Anspannung treibt die Alterung des Organismus voran. Was aber wäre zu verändern, wenn sie tatsächlich mit einer Änderung eigener Gepflogenheiten einverstanden wären?

Stellen wir zunächst fest, ob sie wirklich damit einverstanden sind. Die wenigsten Menschen möchten sich ändern, denn das ist unbequem. Es hieße nämlich, Chefs, Staat und moderne Zeit beiseite zu lassen und einzusehen, dass es vorrangig um eigene Korrekturen geht. Außerdem ist es nicht ohne eine gewisse Genugtuung, *gemeinsam* über beklagenswerte Zustände zu meckern. Dieses Gemeinsame hat etwas überaus Einigendes an sich. Gemeinsame Ärgernisse verbinden Menschen fast mehr als gemeinsame Erbaulichkeiten. Das Erbauliche lässt schnell Neid und Eifersucht entstehen - mit der Frage, ob nicht vielleicht der oder die andere einen größeren Happen an Erbaulichem abbekommen haben als man selbst. Auf Ärgernisse hingegen ist niemand neidisch.

Da sich *Boris* und *Silvia* kennen und gegenseitig um ihre Probleme wissen, wäre es jedoch auch möglich, dass sie statt einer Fortsetzung ihrer gemeinsamen Klagelitaneien eines Tages entschlossen darangehen, ihren Arbeitsprozessen eine neue Struktur zu verleihen. Und dass sie sich dabei gegenseitig unterstützen, was beide mächtig ansporen würde.

Silvia weiß, dass *Boris* mit der Zeit auf Kriegsfuß steht. Ihr gelingt es im Unterschied zu ihm locker, mit fixen Terminen klarzukommen. Könnte sie ihm etwas von ihren diesbezüglichen Strategien übermitteln? Warum eigentlich nicht?

Fangen wir mit *Boris'* Arbeitsplatz an. Garantiert tummeln sich darauf Schriftstücke, Mappen, Belege, Faxe, E-Mail-Ausdrucke, gekritzelte Notizen etc. in einem Gewühl von unsortierten Haufen. Leute, die ins kosmische Urelement „Zeit" keine Ordnung zu bringen vermögen, bringen sie auch nicht ins kosmische Urelement „Raum". Sie haben eine organisatorische Minderbegabung und gelernt, diese auszugleichen, indem sie immer dann (und leider erst dann), wenn es brenzlig wird, mit all ihren Kapazitäten lossprinten, um rasch noch der längst anstehenden Forderung zu entsprechen. Es sind die Leute, die eine Woche vor Prüfungsbeginn den gesamten Stoff eines Semesters zu lernen anfangen, sich Tag und Nacht abstrampeln, und sich dabei unter Umständen zu erstaunlichen Leistungen aufschwingen. Dieses „unter Umständen“ inkludiert nicht selten gravierende Aufputsch- und Dopinghilfen. Der Nachteil ist, dass nicht nur ihrem Organismus allerhand zugemutet wird, sondern dass auch der auf die Schnelle angeeignete Lernstoff nicht haften bleibt.

Es sind die Leute, die vor heraufdämmernden Schwierigkeiten den Kopf in den Sand stecken und unbeeindruckt ihren Geschäften nachgehen, bis sie im letzten Moment, wenn sich die Schwierigkeiten unleugbar über ihnen zusammengebraut haben, flatternd und aufgeschreckt um Blitzeingebungen zur Abwendung der sich anbahnenden Tragödie ringen. Die bei solchem Rotieren um ihre eigene psychische Achse manchmal über sich selbst hinauswachsen, oft aber knallhart auf die Nase krachen. Es sind die Leute, die einfach nicht rechtzeitig vorsorgen, in keinen Belangen, und daher stets darauf angewiesen sind, akut gewordene „Lebensappelle“ sofort tadellos zu beantworten (weil es für Korrekturen zu spät ist!), was irgendwann nicht mehr zu bewältigen ist.

Der Juli ist der Hochsommermonat, in dem in den bäuerlichen Regionen unserer Klimazonen intensiv gearbeitet wird, um im Herbst die Ernte einfahren zu können – und zwar genügend Ernte für einen langen und eisigen Winter, in dem die Felder und Plantagen nichts Genießbares abwerfen. Seit Jahrtausenden ist es Usus, Vorräte für später einzuplanen und nicht bloß der Mutter Erde zu entnehmen, was man gerade braucht. Speziell in unseren Gegenden hing vor dem regen Export- und Importhandel der Gegenwart das Überleben ganzer Sippen davon ab, wie viel die Menschen in ihren Speichern lagern konnten.

Das alles muss nicht in eine raffsüchtige Habgier ausufern, ähnlich wie ein vernünftiges Vorbereiten nicht zu einer pingeligen „Übervorsorglichkeit" entarten muss. Freilich ist auch gar nicht sämtlichen Eventualitäten vorzusorgen, weil das Leben permanent Überraschungen in petto hält. Gelegentlich *müssen* wir auf plötzlich akut Gewordenes schlagartig reagieren, ohne darauf vorbereitet gewesen zu sein (da haben Leute wie *Boris* einen kleinen Übungsvorteil!). Allerdings sind solche Herausforderungen die Ausnahmen von der täglichen Regel, für die eher gilt, dass ein umsichtiger und vorausblickender Umgang mit der Zeit Unmengen an krankmachendem Stress verhindert und die Arbeitsabläufe optimal kanalisiert.

Wollte *Silvia* also *Boris* helfen, sich zu ändern, könnte sie ihm fünf bunte Ablagekörbe schenken, zusammen mit folgender Instruktion: „Lieber *Bo-*

ris, hebe morgen jeden Zettel, der sich auf deinem Schreibtisch befindet, auf und überlege kurz, wo er hingehört. Betrifft er etwas, das nicht unbedingt deine Aufgabe ist und jemand anderer leicht tun könnte, dann lege ihn in den Korb ‚Delegation'. Die restlichen Zettel verteile auf die Körbe ‚Oberste Priorität', ‚Untere Priorität', ‚Kann warten', und ‚Ist fraglich'. In den ‚Fraglich-Korb' sortierst du dasjenige ein, von dem du noch nicht recht einschätzen kannst, wie eilig und wichtig es ist. Verfahre so, bis alle fünf Körbe gefüllt und deine Schreibtischplatte leergefegt ist. Dann schnappe dir den Korb ‚Delegation' und marschiere damit zu den Personen, an die du seinen Inhalt weiterreichen möchtest. Oder schnappe dir Kuverts und sende ihnen den Inhalt inklusive nettem Begleitbrief zu. Verstehe mich bitte richtig: Ich will dich nicht dazu verleiten, Arbeit abzuschieben und Kollegen zu belästigen. Aber du brauchst dir auch nicht mehr aufzuhalsen, als wirklich dein Ressort ist. In einem Team soll jeder das Seine ohne Murren übernehmen und das andere ohne Skrupel (und auch ohne Begehr) lassen.

Ist der Korb ‚Delegation' geräumt, dann breite den Inhalt des Korbes ‚Oberste Priorität' vor dir aus, schalte deinen Verstand ein und klemme dich dahinter. Merke dir gut: *Niemals darf mehr auf deinem Schreibtisch liegen als das, was du gerade in*

Bearbeitung hast! Es ist viel zu demotivierend, Berge von unerledigten Arbeitsaufträgen vor sich gestapelt zu sehen: Da vergeht einem jede Lust. Alles, was gerade *nicht* in Bearbeitung ist, muss in den Körben verschwunden sein, bis seine Stunde schlägt – und *du allein* bist es, der den Aufträgen ihre Stunden zumisst. Bearbeite konsequent Stück für Stück der ‚Obersten Priorität' und schaffe dir dafür ideale Konzentrationsbedingungen, soweit dies möglich ist. Verbanne sämtliche Störgeräusche, die du eliminieren kannst, von deinem Sitzplatz. Prüfe, ob und für wen du unbedingt erreichbar sein musst bzw. wann du Telefon- oder E-Mail-Nachrichten ignorieren darfst. Sorge für ausreichende Beleuchtung und angenehme Wärme im Zimmer und vergiss die Wasserflasche neben dir nicht, damit du nicht unbemerkt ‚vertrocknest'.

Ist es dir geglückt, die Schreibtischplatte wieder leerzufegen, dann stehe auf, strecke dich, dehne dich, bewege dich ein bisschen und lächle zufrieden. Eine Pause mit Imbiss und vielleicht ein paar kollegialen Kontakten möbelt dich wieder auf. Schau aus dem Fenster auf die luftigen Wolken oder die bockigen Regenböen und erlaube deinen Gedanken, unverkrampft umherzuschweifen. Die Pause ist zum Unterbrechen da, nicht zum Weitersinnieren. Erst wenn du gestärkt an deinen Arbeitsplatz zurückkehrst, beginnt das Procedere von vorne: *Die Körbe werden umsortiert*. Manche Anforderung wird inzwischen zusätzlich eingetrudelt sein und ist zu verteilen. Manch Altes wandert aus dem Korb ‚Untere Priorität' in den Korb ‚Oberste Priorität' hinüber. Manch ‚Fragliches' kann jetzt zugeordnet werden. Soll sein, was mag, einzig der Korb ‚Oberste Priorität' ist es schließlich, für den die nächste Stunde schlägt …"

Wenn sich *Boris* an *Silvias* Rezept hält, wird es keine Fristenpanik in seinem Leben mehr geben. Mit seinem Arbeitsstil wird sich zugleich auch seine Arbeitsfreude spürbar verbessern.

Boris könnte sich revanchieren, indem er seinerseits *Silvia* einen Trick verrät. Er könnte zum Beispiel zu ihr sagen:

„Liebe *Silvia*, du weißt gar nicht, welch ein Glücksfall du für die Fahrschule bist! Die unterschiedlichen Fahrlehrer, die zahlreichen jungen und älteren Schüler, die Mechaniker, Buchhaltungskräfte und das Reinigungspersonal verdanken dir das reibungslose Funktionieren des Betriebes. Es kann ein wüstes Gedränge geben, Schadensfälle oder eine Serie von Stornierungen, doch du behältst den Überblick, rettest die Situation und verhinderst ein Chaos. Du bist die ‚Seele' des Unternehmens! Darum glaube mir, dass du es überhaupt nicht nötig hast, nervös zu sein und dich überfordert zu fühlen.

Ich habe in einem meiner Fortbildungsseminare gehört, dass nicht nur eine echte, sondern auch eine *vermeintliche Überforderung* kritisch ist. Sie macht unruhig, verstimmt, lässt einen schon bei geringsten Anlässen aus dem Häuschen geraten, alles als bedrohlich registrieren, sich hilflos fühlen und denken, es sei schier zum Verrückt-Werden … Schuld daran ist nur, dass man zu wenig Vertrauen in die eigenen Fähigkeiten hat, die doch da sind, und zwar in vollem Ausmaß da sind! Ich weiß, was wir dagegen machen: Ich besorge zwei Glanzfotos und lasse sie für dich rahmen. Das eine Foto soll *dich* zeigen als die schöne Frau, die du bist, mit lockigem Haar und strahlenden Augen, die keck ins Visier schauen. Zu unserem nächsten Treffen bringe ich meine Kamera mit und knipse dich. Das andere Foto wird *einen Zirkusclown* zeigen, mit knallrot bemalter Nase und ulkig verbogenen Beinen in übergroßen Latschen. Ich habe schon eine Idee, wo ich solch ein Foto finden kann. Diese zwei Fotos legst du dir irgendwo hin, wo öfter dein Blick hinfällt; sie sollen deine „Memos" werden: Jedes Mal, wenn du wieder meinst, es läge zu viel auf dir und du könntest nicht alles ordentlich bewerkstelligen, wirf einen Blick auf das ‚Silvia-Foto' und flüstere der ‚Dame hinter Glas' zu, wie stolz du auf sie bist. Sie hat sich trotz bescheidener Voraussetzungen zu einer beachtlichen Position emporgearbeitet und hat heute viele Fäden einer florierenden Firma in der Hand. Nicke ihr zu, und lasse dich von ihren strahlenden Augen ermutigen. Dann wende dich dem ‚Clown-Foto' zu und veralbere deine Überängstlichkeit. Es ist zum Verrückt-Werden? Okay, Verrücktsein ist lustig. Auch der korrekteste Mensch braucht hie und da Abwechslung. Stell dir vor, heute ziehst du die Fäden einmal andersrum. Du teilst die Schüler zum Unterrichten ein, setzt die Putzfrauen auf die aufgetankten Motorräder, erlaubst den Buchhaltern, Fahrstunden zu nehmen, und schickst die Firmenleitung zum Wagenputzen. Nur zu! Du lachst? So ist es recht! Ich sehe schon, der rotnasige ‚Mann hinter Glas' wird seinen Auftrag bestens erfüllen. Glaube mir, liebe *Silvia,* wenn du solcherart mit beiden Fotos ein bisschen „geflirtet" hast, wird dich kein Minderwertigkeitsgefühl mehr anfliegen, und du wirst in deiner Arbeit unbeschwert fortfahren können, wie du es sowieso jeden Tag zufriedenstellend tust." (Hat *Boris* in seinen Fortbildungsseminaren etwas von *Frankls* Methode der Paradoxen Intention gehört?)

Da wir bei so viel gegenseitiger Unterstützung dem Figurenpärchen *Boris* und *Silvia* näher gekommen sind, wollen wir die beiden, nachdem sie sich positiv verändert haben, zum Abschied noch auf einer Parkbank belauschen. Da haben sie sich an einem freien Tag niedergelassen, genießen gebackenen Fisch und Pommes frites aus einer Tüte, trinken Orangensaft dazu und wälzen kluge Gedanken. „Niemand liebt das Finanzamt", sagt *Boris* gerade, „aber das dort einkassierte Geld wird doch für Projekte verwendet, die für die Allgemeinheit von Nutzen sind - zumindest überwiegend. Insofern arbeite ich ‚kleines Rädchen im Getriebe' an ziemlich großen Projekten mit …" „Ich auch", meldet sich die Stimme neben ihm, die gar nicht mehr nach Minderwertigkeitsgefühl klingt. „Schließlich sind es nicht zuletzt die Fahrschulen, die dazu beitragen, den anwachsenden Verkehr auf unseren Straßen so sicher zu machen, wie es halt bei allen menschlichen Mängeln geht. Also arbeite ich ‚kleines Rädchen im Getriebe' auch an etwas ziemlich Großem mit. Verschwörerisch drücken sich die beiden die Hände, was mit den Esstüten zwischen den Fingern nicht so einfach ist. Das führt sie zu weiteren Erkenntnissen.

„Die Arbeit hat schon einen Wert, einen hohen sogar", überlegt *Boris*. „Den Fisch, den wir uns hier schmecken lassen, hat jemand für uns gefangen, jemand für uns transportiert, jemand für uns gebacken …" „Die Kartoffeln hat auch jemand für uns gepflanzt und ausgebuddelt …, und die Orangen für den Saft hat jemand für uns gepflückt, gepresst …", ergänzt *Silvia*. „Wenn man das zu Ende denkt, entdeckt man, dass man ständig von der Arbeit anderer Leute lebt. Selbst die Bank hier hat jemand gefertigt, und der Park wird betreut …" „Ja, so schlecht sind unser Staatssystem und die moderne Zeit nicht", gibt *Boris* zu. „Wo gewirtschaftet wird, gibt es natürlich auch Misswirtschaft, das ist wie mit der von dir erwähnten Sicherheit auf der Straße, die nie hundertprozentig garantiert werden kann. Aber trotzdem, das Prinzip ist schon richtig: Jeder trägt einen Teil zur Gemeinschaft bei. Da ist es nur anständig, wenn auch wir zwei ‚kleine Rädchen' unseren Teil beitragen zum Großen und Ganzen." Einig lassen sie das Bedachte auf sich wirken.

Während die beiden, immer noch in ihre Erkenntnisse versunken, zum Parkausgang schlendern, findet *Silvia* ein wahres Wort: „Eigentlich *dürfen* wir arbeiten. Es ist weniger ein *Müssen* als ein *Dürfen*. Wir *dürfen* in einer riesigen Gemeinschaft mit dabei sein, egal ob als Chef oder als Hauswart – von unserer Arbeit profitieren unzählige andere, die wir gar nicht kennen. *Boris*, es ist gut, dass es uns gibt!"

* * *

Axel ist Profi-Fensterputzer bei einer Gebäudereinigungsfirma und mag seinen Beruf sehr. Für ihn ist es reizvoll, in den Kapseln von Spezialkränen hoch oben in schwindelnder Höhe zu agieren, wo ihm der Wind um die Ohren saust und die Busse und Straßenbahnen unter ihm wie Spielzeuge in einem Miniaturbaukasten aussehen. Auch in niedrigeren Gefilden schätzt er seine Arbeit, denn er hat eine innere Beziehung zu blankem Glas und im Sonnenlicht funkelnden Scheiben. Überhaupt ist er ein leidenschaftlicher junger Mann, stets zu amourösen Abenteuern aufgelegt.

Seit einigen Monaten jedoch leidet *Axel* an einem unerklärlichen Rückgang seiner Leistungsfähigkeit, an psychischen Verstimmungen, Weinkrämpfen, dem Gefühl, irgendwie neben sich zu stehen und nicht mehr ganz er selbst zu sein, an Gewichtsverlust, Zitterattacken und einem zwischendurch auftretenden Unwohlsein bislang nicht gekannter Art. Sein Hausarzt hat ihn mit dem Verdacht auf ein Burnout-Syndrom an einen Verhaltenstherapeuten überwiesen, und dieser hat mit *Axel* ein „assertive-training" (Selbstsicherheitstraining) durchgezogen – ohne geringste Besserung von dessen Befindlichkeit. *Axel,* der konstant behauptet hat, keineswegs „ausgebrannt" zu sein und auch nicht krankgeschrieben werden zu wollen, ist deprimiert und weint noch öfter als zuvor.

Auch *Nadja* ist eine Profi-Frau, die ihrem Beruf zutiefst zugetan ist. Sie ist Krankenschwester auf einer Palliativstation und pflegt seit mehr als zehn Jahren Sterbende. Sie ist von der Überzeugung durchdrungen, dass es sinnvoll ist, ihren Patientinnen und Patienten den letzten Lebensabschnitt so schmerz- und sorgenfrei zu gestalten, wie es nur machbar ist, sie an dem, was sie interessiert, noch teilnehmen zu lassen, sie mit ihren Angehörigen zu versöhnen und sie auch sonst in jeder Hinsicht verständnisvoll zu begleiten. Ihren Idealen entsprechend ist sie endlos geduldig und sanft und verrichtet selbst übelriechende Pflegetätigkeiten oder die Versorgung übellauniger Patienten ohne inneren Widerstand. Das gehört eben zu ihrem Beruf dazu, so ihre Einstellung.

Aber auch *Nadja* ist seit einigen Monaten nicht mehr die alte. Sie fühlt eine körperliche wie seelische Erschlaffung. Ihre Pflegetätigkeiten werden immer noch achtsam ausgeführt, aber etwas in ihr ist nicht mehr voll bei der Sache. Und wenn sie nach dem Schichtdienst heimkehrt, muss sie sich sogleich hinlegen, die Beine hochgelagert, die Augen geschlossen, bis sie sich wieder einigermaßen stabil fühlt. Manchmal beschleicht sie eine leise Sehnsucht, „zu ihrem Mann zu gehen", der vor 20 Jahren gestorben ist, nachdem sie auch ihn liebevoll gepflegt hat. Der Tod, dem sie in ihrer Arbeit ohne Unterlass begegnet, der Todeshauch rings um jedes Bett, an das sie tritt, dringt ungebremst in die Ritzen ihres Zuhauses hinein.

Da sind also zwei Profi-Kräfte, ausgesprochen fähig auf ihren Fachgebieten, zwei Menschen, die gerne und gut arbeiten, und dennoch stimmt etwas mit ihnen nicht. Was kann es bloß sein?

Nun, ohne präzise Diagnose wird es keine angemessene Therapie für sie geben, wie die falsche Burnout-Fährte gezeigt hat. *Viktor E. Frankl* hat wiederholt darauf hingewiesen, dass bei den diagnostischen Beurteilungen auch an den „dimensionalen Zuordnungen" nicht vorbeigeschrammt werden darf. Störungen können in der körperlichen, in der psychischen oder in der spezifisch humanen, existenziellen Dimension eines Menschen ihren Ursprung haben, müssen sich aber nicht in der jeweiligen Ursprungsdimension manifestieren. Das ist kompliziert und erfordert eine exakte Exploration, eine genaue Erkundung.

Axels Hausarzt zum Beispiel hat es verabsäumt, einen Facharzt beizuziehen. Vielleicht dachte er, der Verhaltenstherapeut werde dies im Zweifelsfall übernehmen. Der Verhaltenstherapeut wiederum dachte vermutlich, dass der an ihn überwiesene Patient medizinisch gründlich durchleuchtet sei. Aber Nicht-Wissen ist keine Basis für Erfolge. Ferner stand der Versuch mit dem Selbstsicherheitstraining auf schwachen Indikationsfüßen. Gewiss war *Axel* in seinem gegenwärtigen angeschlagenen Zustand von Unsicherheitsanwandlungen geplagt. Doch hätte eine angemessene Erforschung seiner Vorerkrankungszeit seine frühere Leidenschaftlichkeit und seinen Mut in schaukelnden Gondeln vor hohen Etagenfenstern zutage gefördert und die These, dass das Problem in einer zögerlichen Charakterneigung gründen könnte, zum Einsturz gebracht. Außerdem schimmerte seine Arbeitswilligkeit immer noch durch die Krankheitsschicht hindurch. Eine unsichere Person hätte sich dagegen dankbar in die Krankschreibung geflüchtet.

Nach Abwägung all dieser Faktoren, nämlich dass *Axel* bis vor wenigen Monaten psychisch kerngesund war, dass er keinen erkennbaren äußeren Auslöser für seine schlechte Verfassung zu benennen vermag und dass er seine Arbeit rundum bejaht, liegt die Schlussfolgerung nahe, dass der Ursprung seiner Störung in der *körperlichen* Dimension liegt, auch wenn sich die Störung selbst in der *psychischen* Dimension auswirkt. Das ist jener komplizierte Sachverhalt, der sich nur mittels exaktester Differenzialdiagnose erhellen lässt.

Wir haben bereits einmal eine ähnliche Konstellation diskutiert, nämlich bei den (grundlosen) Depressionen von *Otto,* die wahrscheinlich auf Unregelmäßigkeiten im Neurotransmitterhaushalt seiner Nervenbahnen zurückzuführen sind. Statt einem *Grund* für seine phasenweise Traurigkeit – in der psychischen Dimension – gäbe es in seinem Fall eine *Ursache* in der körperlichen Dimension, die sich allerdings psychisch auswirkt. Bei *Axel* dürfte ein vergleichbares Geschehen unter anderen Vorzeichen eingetreten sein. Unter dem Fachausdruck „somatogene Pseudoneurosen" hat *Frankl* (neben *K. Nowotny* und *P. Polak*) als einer der ersten Wissenschaftler beschrieben, wie Störungen der Nebennierenrindenhormone, z. B. Kortisonmangel, aber auch der Schilddrüse oder des Kalium-Kalzium-Quotienten im Blut psychische Phänomene hervorrufen, die kaum von angstbedingten Unsicherheiten und sogar psychotischen Depersonalisationserscheinungen zu unterscheiden sind. So wie *Axels* Gewichtsverlust und seine Zitterattacken mit einer Überfunktion seiner Schilddrüse („Basedowoide Pseudoneurose") zusammenhängen können, so können sein Gefühl des „Neben-sich-Stehens" und seine Weinkrämpfe als Hinweise auf eine Nebennierenrindenfunktionsschwäche („addisonoide Pseudoneurose") zu verstehen sein. Einzig und allein ein detaillierter Laborbefund kann Aufschluss darüber bringen, der dann auch den Schlüssel zur richtigen Medikation liefert.

Es ist somit zu hoffen, dass an *Axel* nicht länger psychotherapeutisch herumgedoktert wird, ehe nicht Analysen möglicher *körperlicher* Krankheitsverursachung vorliegen. Bestätigt sich eine solche, besteht die berechtigte Aussicht auf eine adäquate Behandlung, und er wird sich alsbald wieder fröhlich mit seinen „gläsernen Freunden“ (und lebendigen Freundinnen) beschäftigen können.

Bei *Nadja* ist eine *psychische* Erschöpfung schon viel eher wahrscheinlich. Bei ihr wäre die Diagnose eines Burnout-Syndroms durchaus akzeptabel. Trotzdem werden auch bei ihr rein psychotherapeutische Maßnahmen nicht ausreichen, denn die *humane, existenzielle* Dimension dürfte mit tangiert sein. Was heißt das?

Wir schwingen nicht nur emotional mit unseren Verrichtungen mit. Wir sind auch geistig unterwegs – zu den Menschen und Dingen, mit denen wir uns befassen. *Viktor E. Frankl* hat dies in seinem Buch „Der leidende Mensch“ anhand eines eigenen Beispiels veranschaulicht:

„Mein Geist ‚ist bei‘ allem, woran er jeweils denkt, woran er ‚rührt‘. Nur dass dieses Bei-Sein nicht räumlich vorgestellt werden darf, und zwar deshalb nicht, weil es kein räumliches, sondern ein ‚wirkliches‘ Bei-Sein ist … Denke ich etwa an meine in Australien lebende Schwester, bin ich also geistig, ‚im Geiste‘, bei ihr, ‚ist‘ also mein Geist solcherart ‚bei‘ meiner Schwester, so wäre nur das Eine unrichtig: wenn ich behauptete, dass mein Geist bei meiner Schwester – ‚in Australien ist‘; richtig ist vielmehr die Behauptung: mein

Geist ‚ist bei' – meiner Schwester in Australien. Mit anderen Worten: Nur meine Schwester ist in Australien, nur ihr Dort-Sein verträgt eine räumliche Aussage, – nicht aber darf der Tatbestand meines geistigen Bei-Seins verräumlichend formuliert werden."[6]

Dieses geistige Bei-Sein bei den Menschen und Dingen unserer Befasstheit verwebt sich mit den emotionalen Schwingungen unserer Seele und nimmt ganzheitlichen Einfluss auf unser Ich. Briefe beweisen, dass *Frankl* stets liebevoll-zärtlich seiner Schwester (die durch Flucht dem Holocaust entronnen war) gedacht hat, was ihn psychophysisch aufgebaut hat – insbesondere angesichts des Verlustes seiner anderen Familienangehörigen im Zweiten Weltkrieg. Das heißt, in der humanen, existenziellen Dimension des Menschen, in der geistiges Bei-Sein stattfindet, produziert dieses Bei-Sein einen Art „Rückstoß" und „Rückfluss" auf den Organismus: Ist es erhebend, hebt es uns als Ganzes, ist es niederschmetternd, schmettert es uns als Ganzes nieder.

Nadja „ist" nun auf bewundernswerte Weise „bei" ihren todkranken Patienten und Patientinnen – nicht nur geistig, sondern sogar räumlich,

6 Bern 1984, 87.

und das seit mehr als zehn Jahren. Sie ist ihnen emotional freundlichst zugetan. Aber sie sieht sie von Stunde zu Stunde verfallen und sterben, erlebt sie in ihrer nacktesten Hilflosigkeit „zum Staub zurückkehren", merkt ihre eigene Ohnmächtigkeit überdeutlich. Vor ihren Augen erlischt, was ihr soeben noch wichtig war. All ihr „Bei-Sein" muss ständig zurückgepfiffen und neu verteilt werden; da kommen die Emotionen kaum mehr mit. Der „Rückstoß" auf ihren Organismus ist gewaltig und wechselhaft befriedigend bis deprimierend. Dass sie ihre Tätigkeit so lange versehen konnte, ohne dabei gesundheitlich einzuknicken, und dass sie am Sinn ihrer Tätigkeit niemals irre geworden ist, zeigt, welch eine starke Persönlichkeit sie ist. Nur durchdrungen von einem profunden Sinn-Motiv kann man derartige Schwerstarbeit leisten. Dennoch: Sie ist keine Maschine (und auch Maschinen erodieren). Zehn Jahre sind genug für ihren speziellen Einsatz!

Es gibt zeitliche Obergrenzen für gewisse Berufe, Obergrenzen der Zumutbarkeit und Verkraftbarkeit. Wer über weite Strecken seines bewussten Lebens Zeuge von Leid, Elend, Verwirrung, Unmenschlichkeit, Gehässigkeit, Abscheulichkeit, Armseligkeit, Jämmerlichkeit, Todeskampf etc. wird, wer geistig regelmäßig „bei" den Betroffenen „ist", der kann das in seinen Pausen nicht einfach wegstecken. Wo sollte er es hinstecken? Es gibt einzelne Personen, die es Gott übergeben können, wie Mutter Teresa, aber sie sind Genies wie Star-Tenöre oder Olympiasieger. Mit ihrem Maßstab darf man selbst die bravsten und tapfersten Leute wie *Nadja* nicht messen. Im Gegenteil, diese braven und tapferen Leute sind zu *entlasten*, und zwar nicht bloß durch ein paar Wochen Auszeit plus psychologischer Begleitung, sondern durch eine prinzipielle Verlagerung ihres Arbeitseinsatzes.

Nadja ist eine erstklassige Krankenschwester, folglich kann sie auch in jedem „normalen" Krankenhaus arbeiten. Sie könnte auf Entbindungsstationen, Säuglingsstationen, in Kinderabteilungen Dienst tun. Sie könnte als mobile Krankenschwester Hausbesuche absolvieren. Mit ihrer Erfahrung und ein wenig didaktischer Weiterbildung könnte sie als Lehrschwester Newcomer unterrichten. Was es auch ist, sie würde überall aufblühen und sich genauso engagieren wie zuvor im Hospiz. Sie muss einfach eine Weile wieder intensiver „beim" Leben „sein" als „beim" Tod. *Das* ist es, was sie buchstäblich wieder auf die Beine bringen würde.

Arbeitgeber und Verantwortliche in größeren Institutionen mögen sich darüber im Klaren sein, dass nur Mitarbeiter *am richtigen Ort und in der richtigen Zeit* die erforderlichen Leistungen erbringen. Dass man für eine bestimmte Arbeit ungeeignete Personen von dieser Arbeit abzieht (oder gar nicht zu ihr zulässt), dünkt ihnen selbstverständlich. Zusätzlich sollte sich in ihren Kreisen jedoch herumsprechen, dass auch geeignete Personen, ja hochgradig geeignete Personen manchmal ein verändertes Umfeld brauchen, um ihre Potenziale gleichbleibend zu entfalten. Im Metier Psychotherapie / Psychiatrie liegt die zeitliche Obergrenze der individuellen Leistungskapazität durchschnittlich etwa bei 30 Jahren. Im Metier „Umgang mit Kriminellen, Häftlingen etc.“ könnte sie bei 25 Jahren liegen. Bei ärztlichen Extremeinsätzen oder bei Reporter- und Hilfsaktivitäten in Krisengebieten wird sie sich auf 20 Jahre senken. Bei direkten Kriegs- und Katastropheneinsätzen wird sie viel niedriger sein. Auch Arbeiten, die mit Lärm, Gestank, Vibrationen u. Ä. verbunden sind oder durch stete Monotonie an den Nerven zerren, sind nur innerhalb eines begrenzten Zeitvolumens effizient ausführbar. Bei Grubenarbeiten in Bergstollen oder Asphaltierungsarbeiten auf den Straßen zum Beispiel sind es vielleicht 10 bis maximal 15 Jahre. Es gibt keine psychologisch und medizinisch erhärteten Skalen dafür. Doch sollte jeder, der in einen geistig/ seelisch (und/ oder körperlich) strapaziösen Beruf eintritt, von vornherein Konzepte entwickeln, in welche Variationen seines Berufes er umsatteln kann und will, wenn einmal der Tag für „Plan B“ gekommen ist.

Die Arbeit ist ein hoher Wert, haben *Axel* und *Silvia* erkannt, und *Boris* und *Nadja* wissen es auch. Wer es nicht weiß, sollte schleunigst darüber nachdenken. Wird die Arbeit gut und gern getan, wohnt ihr ein Segen inne. Damit sie aber gut und gern verrichtet werden kann, ist zu beachten:

1. Man soll sich nicht hetzen lassen, auch nicht von sich selbst. Eine kluge Zeiteinteilung, im Verbund mit einem Blick fürs Wesentliche und Vorrangige und einer Nonchalance gegenüber Unwesentlichem und Nachrangigem sorgt für ein ausgeglichenes Tempo.

2. Man soll sich die Arbeit zutrauen, die man übernimmt, und nur übernehmen, was man sich zutraut. Weder der Erfolg noch die Zufriedenstellung Vorgesetzter sind das Ziel der Arbeit, sondern das Vertrauen weckende Erleben, mit den eigenen Fähigkeiten etwas (in irgendeiner Form Sinnvolles) zuwege zu bringen.

3. Je anstrengender die Arbeit, desto mehr soll man auf seine körperliche und psychische Gesundheit achten und geistig voll „bei“ der Sache bzw. den Menschen „sein“, mit der bzw. denen man zu tun hat. Das „Bei-Sein“ macht erst eine Arbeit zu der „Unsrigen“.

4. Man soll ein Gespür dafür entwickeln, wann ein Arbeits(platz)wechsel sinnvoll sein könnte, und sich darauf vorbereiten. Bei anhaltenden Kräften ist eher Ausdauer, bei nachlassenden Kräften eher Flexibilität gefragt. Niemand ist eine Maschine.

Der Juli ist oft ein „Vorernte-Monat". Wer ernten will, muss arbeiten ... Ist das so? Ist das alles? Vielleicht ist es umfassender: Wer arbeiten *darf,* erntet bereits während seiner Arbeit. Er erntet – erfülltes Leben.

August

Vom Urlaub-Machen, Sich-Besinnen und Horizont-Erweitern

GIPFEL-ERLEBNIS

Lieber Gott, wie ist es schön,
hoch auf einem Berg zu stehn,
wenn durch Anstrengung und Kraft
ich den Aufstieg hab geschafft:
Unter mir die Welt zu Füßen,
neben mir die Bergesriesen,
fern der Lärm und das Gewimmel,
über mir der weite Himmel.
Rings umher die große Stille,
drin verborgen, Herr, dein Wille;
Worte müssen nicht mehr sein,
denn ich bin mit dir allein.

Elli Michler

Im August schlagen in vielen europäischen Ländern die Kinderherzen höher: endlich Ferien! Es wälzen sich „Blechlawinen" über das europäische Straßennetz, um ferienhungrige und erholungsbedürftige Menschen in die Touristenhochburgen zu transportieren. Spaß muss sein! Abwechslung muss sein! Daran ist nichts auszusetzen. Die Frage ist nur, in welcher Verfassung sich die Insassen jener „Blechlawinen" ein paar Wochen später in ihren Alltag zurückwälzen?

Jenny ist eine 14-jährige Gymnasialschülerin. Sie hat Jahr für Jahr zu Schulbeginn keine Souvenirs aus den Ferien vorzuweisen. Wenn ihre Mitschülerinnen mit Erinnerungsvideos und Fotoserien, schillernden Meeresmuscheln, pittoresken Gewändern und exotischem Modeschmuck prahlen, kann sie nicht mithalten. Auch nicht, wenn von Schlemmerbuffets in Luxushotels oder von schummrigen Basaren in ehemaligen Seeräuberhöhlen geschwärmt wird. Sie war nur „im Wald". Anfangs wurde sie ausgelacht, wenn sie davon erzählte, später wurde sie achselzuckend bedauert und weniger beachtet.

Aber *Jenny* mausert sich zu einer prächtigen jungen Dame. Sie hat ein heiteres Gemüt, nimmt nichts so leicht krumm, lernt spielend, sammelt gute Zensuren ein, ist frisch und fröhlich, sportlich und gesund – und wundert sich, dass viele ihrer

Mitschülerinnen fahrig und lasch sind, gelangweilt im Unterricht lümmeln, andauernd über Wehwehchen klagen und sich schulisch auf Talfahrt befinden. Je älter sie wird, desto mehr wird ihr offenbar, dass nicht *sie* Grund hat, die anderen zu beneiden, sondern dass umgekehrt *die anderen* reichlich Gründe haben, sie zu beneiden. Noch weiß sie nicht, warum.

Ingo ist *Jennys* Vater. Er ist alleinerziehender Vater und arbeitet als Fachmann für Computersimulationen im Auftrag von Sternwarten und Raumfahrtbehörden. Er ist ein bescheidener, vielseitig interessierter Mann, der sich in Bezug auf seine Bildschirmtätigkeit nichts vormacht: Von morgens bis abends gebeugten Rückens vor dem Computer zu sitzen und zu programmieren ist weder für den Körper noch für die Seele ein Honiglecken. Es ist zwar mitunter spannend, die Ergebnisse solcher Simulationen mitzuverfolgen, zu 98 Prozent handelt es sich jedoch um langwierige Versuchsdurchläufe, die kontinuierlich adaptiert und minutiös korrigiert werden müssen, bis einigermaßen brauchbare Programme ausgetüftelt sind.

Als Gegengewicht nützt *Ingo* seinen Urlaub plus Überstundenabgeltungen, um in der Ferienzeit mit seiner Tochter in einer Blockhütte im Wald zu campieren. Dort erholen sich beide blendend. Sie streifen stundenlang durch das Gehölz, benennen Farne, Kräuter, Pilze und Büsche an Hand eines

Pflanzenalmanachs, beobachten Käfer, Eichhörnchen und Rotwild, bestimmen ihre Wege per Karte und Kompass (*Ingo* verzichtet freiwillig auf moderne Navigationshilfen), verzehren Butterbrote und Obst auf einem Moospolster und atmen tief die sauerstoffreiche Luft ein, die so unbeschreiblich duftet, dass ein an Abgase gewöhntes Stadtkind aus dem Staunen nicht herauskäme. *Ingo* erzählt seiner Tochter, dass das Chlorophyll in den Pflanzen vor allem rotes Licht absorbiert und den grünen Anteil des Lichts reflektiert, weswegen die Blätter dem menschlichen Auge so wohltuend grün erscheinen. Oder dass die in den Baumkronen zwitschernden Vögel Nachfahren der ausgestorbenen Dinosaurier sind – und ähnliche „wahre Geschichten".

Damit ist das Ende der Vergnüglichkeiten noch lange nicht erreicht. In wolkenfreien Nächten holt *Ingo Jenny* aus dem Bett und wandert mit ihr auf eine Anhöhe hinauf. Dort ist der Himmel nicht „lichtverschmutzt" wie in den Großstädten und deren Umgebung, sondern dunkel genug, dass an die tausend Sterne mit bloßem Auge sichtbar werden. Einige funkeln rötlich, bläulich oder gelblich. Das milchig-weiße Band der Milchstraße gehört zu den schönsten Anblicken, die die Nacht zu bieten hat. Da *Ingo* für Sternwarten arbeitet, hat er von den Astronomen eine Menge Informationen bekommen, und während er neben seiner Tochter auf einer Decke im Gras liegt, erzählt er ihr, dass der Planet Erde, auf dem wir Menschen mit 30 Kilometern pro Sekunde durch das Weltall kreisen, sich im äußeren Bereich unserer Galaxie befindet, und dass viele weitere Milliarden Galaxien das Universum bevölkern. Er verrät ihr, dass die Elemente, aus denen wir selbst und die Gegenstände unserer Welt aufgebaut sind, in riesigen unbekannten Sternen während unvorstellbaren Zeiträumen mittels Kernfusionen hergestellt wurden, beim Niedergang dieser Sterne explosionsartig in den Weltraum geschleudert wurden und über Asteroiden- und Kometeneinschläge auf unserer Erde gelandet sind. „Du und ich, wir sind Kinder der Sterne“, flüstert er ihr zu und streichelt ihre Wange. *Jenny* schmiegt sich ganz fest an ihn und ist einfach nur glücklich …

Am Morgen darf sie selbstverständlich ausschlafen. Meistens, denn es kommt auch vor, dass Vater und Tochter schon knapp vor der Morgendämmerung in ihre Kleider schlüpfen und auf einen nahe gelegenen Jägerhochsitz klettern, der einen Ausblick zum östlichen Bergabhang gestattet. Es ist ungeheuer still um sie herum, und auch sie schweigen andächtig. Sie schweigen und warten, von seltsamer Ehrfurcht ergriffen. *Ingo* hat sie beide in einen warmen Mantel gehüllt und *Jenny* in den Arm genommen. Da regt sich ein blassrosa Schimmer, bald flammt der Himmel hinter den nachtschwarzen Silhouetten der Hügel auf, es lodern die goldenen Strahlen, und die Sonne steigt majestätisch empor. Es gibt Augenblicke, die man nie vergisst …

Ja, *Jenny* ist zu beneiden, obwohl sie keine Mutter mehr hat und in ihrer Klasse mit keinen spektakulären Urlaubsreisen punkten kann. In ihr junges Leben sind Schätze fürs Leben implantiert. Egal, was ihr widerfahren wird, immer wird sie eine Zufluchtsstätte in der Natur haben, einen Ort, an dem sie „ihre Batterien aufladen kann", wie man heutzutage sagt. Immer wird sie sich geborgen wissen unter den Gestirnen, unter Pflanzen und Tieren; im grellen Licht genauso wie in der Finsternis. Und immer kann sie gefeit sein gegen den billigen Klimbim und das Talmi unechter Werte. Außerdem wird sie in der Lage sein, eine eigene Position zu halten, und nicht mit dem Strom der Masse schwimmen, bloß um „dazuzugehören". Um *Jenny* brauchen wir uns keine Sorgen zu machen – und ebenso wenig um *Ingo*. Gäbe es mehr Väter wie ihn, wäre es um die gesellschaftliche Situation in unseren Ländern besser bestellt!

Frédéric Lenoir, ein renommierter französischer Religionswissenschaftler und Soziologe, hat einmal erklärt, dass wir Menschen Angst vor den Momenten völliger Entspannung haben, weil wir sie als verlorene Zeit empfinden. Nun, *Ludwig van*

Beethoven pflegte die Wälder südlich von Wien zu durchstreifen, weil ihn dort „die Muse küsste" und ihm die herrlichsten Melodien einfielen. Verlorene Zeit? *Viktor E. Frankl* verbrachte seine Wochenenden regelmäßig auf dem Wiener Hausberg Rax, weil er dort zwischen Felsen und Latschen herausragende Eingebungen hatte. Verlorene Zeit? Künstlerische oder wissenschaftliche Inspirationen kann man nicht auf Wunsch aus dem Ärmel schütteln, aber man kann ihnen die Sphäre bereiten, in der sie gedeihen, und die heißt „völlige Entspannung".

Allerdings hat es mit der „völligen Entspannung" eine besondere Bewandtnis, die man beachten sollte. Es ist dem Menschen nicht zuträglich, aus einer starken Anspannung heraus in eine plötzliche Entspannung hinüberzuwechseln. *Frankl* hat in einem Gleichnis dargelegt, dass auch ein Taucher nicht aus der Ozeantiefe, in der ein großer Wasserdruck herrscht, ruckartig auftauchen darf, weil die plötzliche Druckentlastung seine Blutgefäße zum Platzen bringen würde. Analog ist es Personen, die nach einer hektischen Arbeitsperiode auf Urlaub fahren und sich dabei vielleicht auch noch auf dem „Schlachtfeld Straße" gründlich über Staus ärgern, nicht zu raten, sich am Urlaubsort abrupt in den Sand zu legen und entspannen zu wollen. Sie könnten einen seelischen Kollaps erleiden.

Wer nötiger- oder unnötigerweise eine längere Phase der Belastung hinter sich hat, sollte den „Turbo“ *langsam* herunterschalten. Auch dafür eignen sich Waldgebiete exzellent. In den USA haben sich mittlerweile Spezialkliniken etabliert, die eine rasche Regeneration für ausgerastete Manager, verzweifelte Chaoten, durchgedrehte Youngsters und das gesamte sich überfordert und verausgabt fühlende Publikum versprechen. Was wird in diesen Kliniken gemacht? Laut Prospekt müssen die Patienten an der Eingangstüre ihre Handys abgeben, und danach werden ihnen *weite Waldspaziergänge* verordnet. Internet und Fernsehen sind aus ihren Zimmern verbannt, dafür gibt es diätetisches Essen und schwach beleuchtete Ruheräume, in die sie sich nach den Anstrengungen des Walkings und Essens zurückziehen können. Trotz hoher Preise haben die Kliniken einen sagenhaften Zulauf … – Ob man wirklich eine teure Klinik braucht, um die Finger von verlockenden Tastaturen zu lassen und im Schatten von Bäumen den „Entzug“ durchzustehen, sei dahingestellt, doch das Prinzip ist richtig: Die Reizüberflutung wird gekappt, die Spaziergänge verhindern eine zu schnelle Druckentlastung, und die Entspannung kann ihre Heilkraft entfalten.

Marina ist eine kulturbeflissene Dame Mitte 40. Sie hat als Studentin ein Architekturstudium abgebrochen, was sie jetzt noch wurmt. Um sich und anderen zu demonstrieren, dass sie trotz des fehlenden Titels Expertin in Sachen „Bauwesen" ist, lässt sie keine Gelegenheit aus, ihr Wissen zur Schau zu stellen. Insbesondere in ihren Urlaubswochen, die sie mit denen ihres Mannes zusammenlegt, unternimmt sie Sightseeing-Touren durch die Metropolen verschiedenster Länder mit dem Ziel, sämtliche berühmten und weniger berühmten Bauwerke der betreffenden Stadt zu besichtigen. Monate vorher schon werden die Besichtigungsobjekte anhand von Reiseführern und Internetrecherchen von ihr ausgewählt und in die geplante Route eingepasst.

Das alles wäre ein durchaus respektables Unterfangen, wenn sie nicht ihren Mann im Schlepptau mitziehen würde, der sich nicht im Geringsten darum schert, ob die Form eines Giebelfensters gotisch oder romanisch ist, welcher Stilgattung die Alkoven in einem Kastell zuzuschreiben sind etc. Für ihn ist jeder Urlaub die reinste Plage. Er trottet mürrisch mit schweißtriefender Stirn und vom Straßenpflaster wunden Füßen hinter *Marina* her, die kein Pardon kennt und ihn einen Banausen nennt, wenn er vorsichtig fragt, ob sie sich nicht in einem Biergarten ausruhen könnten.

Iris, die unverheiratet ist, verbringt ihre Urlaube mit einer ebenfalls ledigen Freundin. Iris ist zwar keine Schönheit, was sie veranlasst, viel Geld in Schminke und Kosmetik zu investieren, aber sie hat durchaus eine sexy Figur und genießt es, von Männern umschwärmt zu werden. Ihre Freundin ist hellhäutig und naturblond und spielt diesen Trumpf mit Vorliebe in orientalischen Gegenden aus, in denen sich die dunkelrassigen Boys um sie scharen. So buchen die beiden jungen Damen regelmäßig Flüge zu Zentren touristischen Nachtlebens. Sie suchen das (bezahlte) „Umworben-Werden" und den Kick durch die Gefahr.

Iris hat dabei schon einige heftige „Blessuren" einstecken müssen. Sie hat zwei Abtreibungen hinter sich gebracht, unerfreuliche Folgen ihrer „Urlaubsromanzen", wie sie es nennt. Weitere zwei Mal musste sie notärztlich versorgt werden, weil ihr Drogen ins Getränk gemischt worden waren. Und einmal sind ihr Geld, Kreditkarten und Ausweise gestohlen worden. Aber sie schlägt alle Warnungen in den Wind. „Man ist nur einmal jung", beschwichtigt sie sich selbst und merkt nicht, dass hinter ihrer Promiskuität die Angst vor einer gähnenden Leere lauert, vor dem Eines-Tages-nicht-mehr-sexy-Sein – was dann?

Marina findet nicht den rechten Weg, ihren einstigen Studienabbruch zu kompensieren. Solche „Wege" sind eben in Reiseführern nicht beschrieben. Wir wollen ihr glauben, dass sie ein echtes Faible für die Baukunst hat, wenngleich sich hysterische (sogenannte „histrionische") Facetten in ihre Begeisterung hineinmischen. Ihr Faible ist zu viel mit Demonstration gekoppelt, mit der Absicht, als glorreiche Fachfrau zu glänzen, sei es vor dem „dummen" Ehemann, sei es vor Kollegen und Bekannten, denen sie nach ihrer Heimkehr vom Urlaub mit der absolvierten Kulturreise imponieren kann.

Viel Glück beschert ihr dieses Imponiergehabe nicht. Ihr Mann meidet ihre Nähe, wo er kann. Ihre Kollegen und Bekannten bewundern sie nur in Maßen. Ihre Seele seufzt weiterhin: „Ach, wie viel mehr noch hätte doch ein akademischer Grad den anderen imponiert …" Und ziemlich ausgelaugt ist sie obendrein. Was würde *Marina* wirklich helfen?

Menschen mit einer hysterischen Charakterneigung setzen sich gern in Szene. Sie vermögen andere Personen mit Geschick zu manipulieren, indem sie ihnen etwas vorgaukeln, auf dessen Wirkung sie bedacht sind. In der Psychopathologie fallen solche Patienten durch selbstinduzierte Krankheitssymptome auf. Sie produzieren zum Beispiel Ohnmachtsanfälle oder Herzrasen exakt dann, wenn es ihnen in den Kram passt, d. h. wenn sie damit jemanden in Aufregung versetzen oder bestrafen können oder von irgendwem Mitleid einkassieren können. Sie wissen genau, wie man die Aufmerksamkeit auf sich lenkt, und gehen dabei kalt lächelnd „über die eigene Leiche", wenn es sein muss. Sich selbst schneiden, ritzen, verstümmeln – nicht ausgeschlossen. Freilich ist ihr ganzes

Szenarium im Letzten ein fürchterlicher „Schrei nach Liebe" – und gleichzeitig ist es die sicherste Methode, die Liebe solcherart manipulierter Menschen endgültig zu verspielen. Wer kann (und nicht etwa durch eine familiäre Beziehung zum „Aushalten" verdonnert ist), der flüchtet.

Marina ist noch „normal" genug, um sich nicht völlig in das angedeutete Schema zu fügen. Nur ein paar falsche Strebungen und gelegentliches Fehlverhalten weisen in diese Richtung. Das ließe sich beizeiten stoppen. Es ist das alte Lied, dass „Schreien nach Liebe" (außer in der Wiege) nichts bringt. *Der erwachsene Mensch ist dazu da, um zu lieben, und nicht, um geliebt zu werden*. So plakativ das klingt, so simplifiziert es ausgedrückt sein mag, es ist ein unerschütterliches Faktum, nicht auszuhebeln.

Würde *Marina* zur Abwechslung in einem „Reiseführer durch die Seele" blättern, bevorzugt im *Frankl*schen Schrifttum, würde sie die Empfehlung finden, ihre Liebesfähigkeit in Bezug auf zwei Personen aufzubessern: in Bezug auf die *junge Marina*, die sie früher selber gewesen ist, und in Bezug auf ihren Mann. Diese junge *Marina* hat vor Jahren die Entscheidung getroffen, aus ihrem Studium auszusteigen. Es kann eine Fehlentscheidung gewesen sein, aber Menschen machen Fehler. Na und? Soll die junge *Marina* deswegen im Leben der älter werdenden *Marina* als dunkler Schatten fungieren? Nein! Die Ältere sollte die Jüngere an die

Brust drücken und mit ihr ins Reine kommen. Immerhin verdankt sie der Jüngeren ihre Architekturkenntnisse, die sie während des Studiums gesammelt hat, und auch sonstige wertvolle Erfahrungen, die eventuell wichtiger sind als ein Abschlussdiplom. Würden sich die beiden friedlich vereinen, könnten sie in der Kombination von frühen Wissensgrundlagen und unvermindert brennendem Interesse einer - einmal *noch älteren,* von Arbeitsverpflichtungen befreiten - *Marina* sogar die Verwegenheit einflößen, das einst Begonnene in einem Seniorenstudium fortzusetzen, oder die Abgeklärtheit bescheren, das gelebte Leben auch ohne Studienabschluss voll und ganz zu bejahen.

Die zweite Person, an die *Marina* ein Quäntchen mehr Liebe verschenken sollte, ist ihr Ehemann, der ihre Launen ergeben mitmacht, ihr aber zunehmend entgleitet. Hat sie ihn ein einziges Mal gefragt, wie *sein* Traumurlaub aussähe? Wonach *er* sich sehnt, wenn der Sommer naht? Hat sie überhaupt jemals eruiert, was *seine* Ambitionen wären - außer erschöpft in einem Biergarten einzukehren? Wenn nicht, wäre es allerhöchste Zeit dafür. Es wäre geradezu fünf Minuten vor Zwölf!

Baukunst muss nicht jedermanns Begeisterung sein. Wahrscheinlich setzt ihr Mann andere Schwerpunkte bei seinen Hobbys. Und er hat ein Anrecht darauf, ihnen zu frönen. Es kommt vor, dass Ehepartner so unterschiedliche Urlaubswünsche haben, dass Superkompromisse anstehen. Aber solche können auch gefunden werden, und nichts schmiedet zwei Partner mehr aneinander als ein *Sich-gegenseitig-Freude-Gönnen*.

Es gibt Paare, die jährlich getrennt auf Urlaub fahren: Er, ein virtuoser Bergstürmer, schwirrt mit einer Seilmannschaft ins Hochgebirge ab, und sie, eine Aquarellmalerin, schlägt ihr Quartier an einer mit zerzausten Pinien und Palmen bewachsenen Meeresküste auf, Staffelei und Farbkasten im Gepäck. Desgleichen hat schon im handylosen Zeitalter gut funktioniert, in dem beide wenig voneinander hörten, sich dafür aber viel zu erzählen hatten, wenn sie einander wieder froh zu Hause antrafen. In unserem Zeitalter ist es um etliches einfacher, die Verbindung über eine örtliche Trennung hinweg aufrechtzuhalten.

Andere Superkompromisse beinhalten ein „Halbe-Halbe". Im Falle *Marinas* zum Beispiel könnte auf eine gemeinsame Stadtbesichtigungswoche eine gemeinsame Woche nach dem Geschmack ihres Mannes folgen. Keiner ist dabei „der Experte" oder „der Dumme", sondern jeder ist eine Woche lang der Glückliche und eine Woche lang der Beglückende. Jeder gönnt sich selbst *und* dem Partner genau jenes bisschen Erholung, das ihm Kraft für den Wiedereintritt in die tägliche Arbeitsroutine verleiht. Was aber bleibt dann zum „Imponieren" übrig? Aber damit ist *Marina* wirklich auf dem Holzweg! Sie sollte ein für allemal die „Zuschauer“ um sich herum vergessen! Wenn, dann gibt es nur *einen* großen, numinosen „Zuschauer“ bei all unseren Handlungen, und der ist nicht von dieser Welt. Nie und nimmer kommt es darauf an, dass das, was wir tun, von den Mitmenschen beachtet wird, sondern nur darauf, dass es beachtlich *ist*. Imponierendes Leben braucht kein Rampenlicht und keine Angeberei. Imponierendes Leben findet meistens im Verborgenen statt. Es hat es überhaupt nicht nötig, um Aufmerksamkeit zu buhlen, weil ihm der Segen gewiss ist, der auf allem liebevoll Getanen ruht.

So verschieden *Marina* und *Iris* sind, eine Lektion über die Liebe und über das Niemandem-gefallen-Müssen könnte auch *Iris* vertragen. Auch sie ist auf dem besten Weg zu einer einmal älteren *Iris,* die rückschauend mit der jetzt jungen *Iris* hadern wird. Etwas allerdings ist bei *Iris* anders. „In ein existenzielles Vakuum hinein wuchert die sexuelle Libido“, würde *Frankl* ihre Ausschweifungen kommentieren. *Iris* ist arm, nicht an Geld, sondern an Sinn im Leben. Sie verschleudert ihren Körper im Haschen nach Ekstasen, die darüber hinwegtäuschen sollen, welch armes Würmchen sie ist. Warum eigentlich? Gibt es gar nichts, wofür sie sich geeignet fühlt? Was auf sie wartet, wofür sie wichtig sein könnte?

Iris erinnert ein wenig an *Peter*, den wir im Januar in die Abgeschiedenheit einer verschneiten Berghütte geschickt haben, damit er herausfindet, was er im Grunde will. Nun, Urlaubstage im August sind ebenso eine ideale Gelegenheit zur Besinnung und Horizonterweiterung. *Iris* ist begierig auf intensive Erlebnisse? Davon hat unser Globus genug zu bieten. Wie wäre es mit einem Trip nach Afrika? Nicht einfach auf eine Hallodri-Safari, sondern zu Tierreservaten, zu Krankenhausstationen ... Wie wäre es, zu sehen, wie Menschen unter extrem kargen Bedingungen ihr Leben fristen und dabei fidel und gastfreundlich bleiben? Zu beobachten, wie Kinder auch ohne Luxusspielsachen lachen, wie Mädchen auch ohne Kosmetika selbstbewusst sind, wie Frauen mit ein paar bunten Baumwollkleidern glücklich sind? Könnte man sich vorstellen, wie *Iris* ihre Tasche öffnet, Dinge verteilt und zum ersten Mal in ihrem jungen Leben nichts dafür zurück haben will; wie sie einfach Anteil nimmt an fremden Schicksalen und plötzlich ihr eigenes zu würdigen weiß? Könnte ihr Herz aufgehen ...?

Es könnte. Junge Menschen sind sensibel. Sie sind noch nicht verhärtet, sie sind noch empfänglich für Berührendes. *Iris* ist zu kostbar, um im Sextourismus ausgebeutet zu werden, und für ihre Freundin gilt dasselbe. „Menschliche Sexualität ist viel mehr als ein Mittel zur Lust, zur Abreaktion oder zur Fortpflanzung …; sie ist die Krönung der Liebe", schrieb *Frankl*. Aber um die Liebe „krönen" zu können, muss sich eine solche erst in Ruhe entwickeln. Und sie entwickelt sich nur dort ungestört, wo ein feines Netz von Beziehungsfäden längst dabei ist, ein Menschenherz mit dem Rest der Welt zu verknüpfen. Im Rahmen praktizierter Egoismen hat die Liebe keine Chance.

Schicken wir also *Iris* im August auf Weltenbummel und lassen wir sie in zahlreichen Gestalten das *menschliche Antlitz* erkennen, das *eine*, das uns alle verbindet, und das die Wohlhabenden unentwegt aufruft, den Notleidenden beizustehen. *Iris* ist keine Schönheit? Sie könnte durchdrungen sein von einer wunderschönen Gesinnung, die (ganz ohne Puder) durch ihre Züge hindurchschimmern würde. *Iris* fürchtet sich vor einem sinnentleerten Leben? Sie könnte Sinn mit vollen Händen schöpfen. Es ist nicht wahr, dass die Reichen die „Geber" gegenüber den Bedürftigen sind. Vielleicht geben sie ihnen Brot. Doch überall und seit Urzeiten sind die Notleidenden und Bedürftigen die „Geber", denn sie geben den Reichen Sinn. Sie geben uns allen die Möglichkeit, uns nicht überflüssig zu fühlen und uns nicht in kurzfristige Orgasmen stürzen zu müssen, um den Puls unserer Lebendigkeit zu spüren. Würde *Iris* sich von den wahren „Gebern" bereichern lassen, würde sie auf der Stelle ihre Urlaube umbuchen …

Ziehen wir Resümee. Der August ist für viele Menschen hierzulande ein Jahreshöhepunkt, assoziiert mit dem lang ersehnten „Tapetenwechsel“. Um davon eine Weile zehren zu können, sind allerdings einige Regeln zu beachten. Egal, ob man in weite Ferne fliegt oder es sich um die Ecke gemütlich macht, Psychohygiene hat Vorrang! Urlaubsbedingter schädlicher Disstress (im Kontrast zum wohlig kribbelnden Eustress) ist absoluter Nonsens. Kostenaufwendige Prestigeprojekte, um die Nachbarn zu beeindrucken, sind Kindereien. Faszinierende Begegnungen mit der Natur, mit Kunst oder mit fremden Menschen hingegen entführen prompt ins „Märchenland“. Auch dort ist anständiges Benehmen gefragt. Ob jemand die Überreste der Inkakultur besichtigt, mit einem Motorboot die dalmatinische Meeresküste entlang tuckert oder mit dem Fahrrad die Loire-Schlösser abklappert, ob er sich auf Bergspitzen „liften“ lässt oder sich ein Festspielabonnement leistet, überall sind Achtsamkeit und Rücksichtnahme auf sich und andere die Voraussetzung für ein gelungenes Programm.

Ein ganz besonderer Geheimtipp ist der *europäische Wald*. (Selbstverständlich haben auch die nichteuropäischen Wälder ihren Reiz, aber im kanadischen Wald könnte man etwa einen Bären aufsscheuchen, in brasilianischen Wäldern über Giftschlangen stolpern etc.) Gerade für die Europäer, für die die Arbeit einen relativ hohen Stellenwert hat, ist der Wald ein unvergleichliches Gesundheitsparadies. Doch siehe: Auch in Japan gibt es bereits die ärztliche Empfehlung für „Shinrin-yoku“ (übersetzt „Waldbaden“). Und in Neuseeland werden Rekonvaleszenten nach Klinikaufenthalten Waldspaziergänge verordnet.

Der Medizinwissenschaftler *Clemens G. Arvay* hat in seinem Buch „Der Biophilia-Effekt. Heilung aus dem Wald“[7] die gesundheitsfördernde Wirkung des grünen Dickichts mit erstaunlichen Befunden untermauert. Demnach ist die Waldluft ein Cocktail aus bioaktiven Substanzen, unter denen insbesondere die „Terpene“ das menschliche Immunsystem unterstützen und sich positiv auf den Blutzuckerspiegel und den Blutdruck auswirken, ja sogar die Antikrebsproteine („Killerzellen“) vermehren. Versuche mit „Waldtherapie“ bei depressiven Patienten verschiedener Genese haben ähnlich wie die „Lichttherapie“ ergeben, dass die Gaben von Antidepressiva reduziert werden konnten. Beim ausdauernden Gehen über den unebenen, federnden Waldboden wird die natürliche Dopaminproduktion angeregt. Der Kopf wird frei von „Dauerrädchen“, die in ihm rattern, und das Gemüt pendelt von Zickzack-Ausschlägen zurück gegen die ausgewogene Mitte.

7 edition a, 2014.

Freilich kann der Wald nicht sämtliche Zivilisationskränklichkeiten mildern, doch sollten seine Heilkräfte häufiger beansprucht werden, als es geschieht. Da die Konzentration der „Terpene“ im Sommer und im Inneren der Wälder am größten ist, lädt speziell der August dazu ein, von dieser „Naturmedizin“ Gebrauch zu machen. Schon einige Kilometer Waldmarsch (mit kurzen meditativen Pausen dazwischen) an einem Wochenende können so manchen Arztbesuch ersparen.

Notieren wir uns also:

1. Der Mensch ist ein Stück Natur und sollte den Kontakt zur Natur nicht verlieren. Je mehr er „verstädtert“, desto dringender benötigt er sie zum Ausgleich. Je mehr Lärm, Hektik und Abgase ihn umgeben, desto unverzichtbarer sind Muße und See-, Wald- oder Bergesluft für ihn.

2. Der Mensch hat aber auch einen Zugang zu Ethos und Logos, und davon ist er in seiner ferialen Ausgelassenheit nicht entbunden. So sehr sich die Touristikbranche ums Geldverdienen und Geldausgeben dreht – was man für Geld eintauschen kann, ist das Wertvollste nicht.

Sich darauf zu besinnen, dazu ist die Urlaubszeit gerade richtig.

September

Von der Erfahrung nachlassender Lebenswärme

ABSCHIED VOM MEER

Ein letztes Mal unter der sinkenden Sonne
alleine und barfuss im körnigen Sand,
noch *einmal* erfahren der Freiheit Wonne
und sie mit niemandem teilen müssen
als mit den Möwen am Strand.
Von Himmel und Erde
nicht Anfang und Ende wissen.
Und vor dem Vermissen
noch *einmal* die wechselnden Farben
des Meeres einsaugen,
die leuchtenden Tage
noch deutlich vor Augen.
Noch *einmal* die kühle,
erfrischende Luft um sich spüren –
und der Seele zur Warnung
das Wörtchen „adieu“ buchstabieren.

Elli Michler

Urlaub adieu! Im Jahreskreis ist es der September, in dem viele Zeitgenossen (in Bezug auf Sommer und Ferienspaß) anfangen, das Wörtchen „adieu" zu buchstabieren, wie es die Dichterin Elli Michler poetisch ausgedrückt hat. Wir werden bis in den November hinein brauchen, um dieses „Buchstabieren" zu erlernen, denn das kleine Wörtchen wiegt – auf Gravierenderes als Urlaube bezogen – schwer. Zum Glück liegt jedoch der Erntemonat Oktober dazwischen, der uns helfen wird, aufrecht und heroisch in den November zu schreiten.

Auch im Leben gibt es „Septemberphasen". *Noch* ist alles, wie es einem zusagt. Wie man sich arrangiert hat …, aber das *Noch* ist plötzlich mit dabei, hat sich in die Gedanken eingeschlichen und das Bewusstsein dafür geschärft, dass nichts von Dauer ist. Es ist, als stünde man vor einem sattgrünen Baum voller Laub, während eine erste Handvoll brauner Blätter unter den Füßen raschelt. Unwillkürlich gleitet den Blick zum Wipfel hinauf, und man weiß: In nicht allzu langer Zeit wird er kahl sein. Das „Warte nur, balde …" aus Goethes vertonten Zeilen säuselt durch das Geäst.

Sarah hat wenige Familienangehörige, aber viele Bekannte und Freunde. Sie pflegt einen regen Brief- bzw. E-Mail-Wechsel und verschenkt sorgfältig ausgesuchte Bücher zu den Festtagen. Sie ist eine eher ruhige Person, was den Vorteil hat, dass sie gut zuhören und sich mit fremden Menschen verständigen kann.

Eines Tages erklärt ihr eine ihrer liebsten Freundinnen am Telefon, dass sie von ihr nichts mehr wissen will. *Sarah* ist perplex, kann es nicht fassen. Sie sucht eine Aussprache, doch die Freundin winkt ab; sie will *Sarah* nicht mehr sehen. *Sarah* kommt es vor, als wäre sie mit dem Kopf gegen ein Brett gestoßen, von dem sie nie vermutet hätte, dass es da sei. Die Tatsache, dass ihre Freundin, mit der sie zahlreiche gemeinsame Interessen teilt, mit der sie zahlreiche schöne Stunden gemeinsamer Unternehmungen verbracht hat, dazu fähig ist, ihr die Freundschaft „einfach so" aufzukündigen, erschüttert sie fast mehr als der Verlust der Freundschaft selbst.

Natürlich hat die Geschichte einen Hintergrund. Beide Frauen sind geschickte Näherinnen und haben sich oft über Stoffeigenschaften und Zuschnitte unterhalten. Vor Kurzem hat sich *Sarahs* Freundin trotz des finanziellen Risikos entschlossen, eine eigene Änderungsschneiderei zu eröffnen. *Sarah* bewundert den mutigen Schritt ihrer Freundin - das ist aber aus deren Sicht auch schon alles. Und es ist ihr zu wenig: *Sarah* hat keine Kundinnen herangeschleppt und keine Propaganda für den neu eröffneten Salon gemacht. Es liegt ihr nicht, die Werbetrommel zu rühren, und sie hatte keine Ahnung, dass dies von ihr erwartet würde. Die Freundin war bitter enttäuscht; für sie war es wie ein Verrat ihrer gemeinsamen Beziehung, und so zog sie den Schlussstrich darunter.

Kevin ist schon als kleiner Bub Brillenträger gewesen. Das hat ihm nie Probleme bereitet, doch jetzt, im Alter von 53 Jahren, sieht er trotz seiner Brille schlechter. Er ist in einem Zeitungsbetrieb beschäftigt, in dem er sein Augenlicht dringend braucht, und daher kommt Besorgnis bei ihm auf. Die Untersuchungsergebnisse beim Facharzt dämpfen seine Besorgnis nicht: Er wird sich an den Augen operieren lassen müssen.

Kevin fürchtet sich vor der Operation. Er hat Angst, einmal wie sein Vater zu erblinden. Die Erinnerungen an Vaters Unbeholfenheit im Alter, an seine fürchterlichen Stürze über Gehsteigränder, Hundeleinen oder sonstige Hindernisse sowie an seine ständige Griesgrämigkeit sind grausig. *So* möchte *Kevin* nicht leben müssen. Er kann die Operation hinausschieben und sich mit Spezialgläsern behelfen, aber wie lange noch?

Dazu gesellt sich eine weitere Sorge. Im Zeitungsbetrieb, in dem er arbeitet, kriselt es. Die fetten Einnahmen durch Annoncen bleiben aus, weil das Internet eine effizientere Plattform darstellt. Es kursiert das Gerücht, dass in der Chefetage über notwendige Sparmaßnahmen diskutiert werde. Man munkelt von einer geplanten „Gesundschrumpfung“ des Unternehmens, was nichts anderes bedeutet als die Reduzierung des Mitarbeiterstabes. Wenn *Kevin* sich sein Handikap anmerken lässt, wird er einer der Ersten sein, der als entbehrlich eingestuft wird, denkt er. Also versucht er seine schwächelnde Sehkraft zu vertuschen. Das alles belastet ihn. Er ist nicht minder deprimiert als *Sarah* ... Dabei geht es beiden Personen ziemlich gut: *Sarah* hat *immer noch* einen ansehnlichen Bekannten- und Freundeskreis um sich herum, und *Kevin* ist *immer noch* in einer recht ansehnlichen beruflichen Stellung und kann mit Behelfen lesen, aber „die Herbstblätter“ rieseln vereinzelt zu Boden. Die „Lebenswärme“ senkt sich für die beiden allmählich ab.

Nun ist der September vielerorts auch der Monat des Schulbeginns, also die Zeit, in der mit dem Lernen durchgestartet werden soll. Auch für Erwachsene in Situationen wie *Sarah* und *Kevin* gibt es allerhand zu lernen.

Da ist zunächst die Sache mit den *Gefühlen.* Schön, dass wir sie haben! Alle unsere Erlebnisse erhalten ihre Farbtupfer von der Palette unserer Gefühle. Wie wäre unser Dasein öd und fad ohne diese Farbkleckse! Wir würden im emotionalen

Nebelgrau verkümmern. Es ist weitaus besser, sämtliche Nuancen von „himmelhoch jauchzend" bis „zu Tode betrübt" zu durchlaufen, ja, mehrmals zu durchlaufen, als in einer abartigen Gefühllosigkeit zu erstarren, wie es manche Hirnschädigungen leider mit sich bringen. Dennoch sind die Gefühle in der menschlichen Existenz keine „Oberbefehlshaber" mehr. Im Zuge des Wandels von den Tieren zu den Menschen haben sie an Autorität eingebüßt. In der Tierwelt kommandieren Gefühle und Instinkte herrisch das Verhalten. Sie sind die animalischen Motivationsspender schlechthin, die in Bewegung setzen, was sich bewegt. (Wobei die negativen Gefühle der Unlust wie z. B. Hunger, Durst, Kälte, sexuelle Deprivation etc. am stärksten antreiben.) Dasselbe möchten die Gefühle auch bei uns Menschen tun, und gelegentlich gelingt es ihnen, den Rang eines Oberbefehlshabers zurückzuerobern. Doch kann ein geistbegabtes Wesen ihnen widerstehen und sie in ihre Schranken weisen. Der Mensch ist durch die Farbigkeit seiner Gefühle bereichert, aber er ist ihnen nicht mehr untertan.

Möglich, dass *Sarahs* Gefühle ihr im Hochwallen befehlen wollen, was zu tun ist. Dominiert die „Farbe" Zorn auf ihrer Palette, wird dieses Gefühl ihr suggerieren, die Freundin anzufahren, was denn der Blödsinn mit der stornierten Freundschaft soll? Dominiert die „Farbe" Wehmut auf ihrer Palette, wird dieses Gefühl dafür plädieren, den Kopf hängen zu lassen und der Freundschaft nachzutrauern. Meldet sich hartnäckig die „Farbe“ Schuldgefühl, wird sie *Sarah* einimpfen, hart mit sich zu schelten, welchen Schlamassel sie da angerichtet hat. Auch bunte „Farbmischungen“ sind denkbar. Da *Sarah* aber ein Menschenkind ist, können Zorn, Wehmut und Schuldgefühl sie nicht total überrumpeln. Oder, wie *Viktor E. Frankl* sagen würde: Sie muss nicht (instinktiv) *reagieren*, sie kann frei *agieren*. Sie hat eine Wahl.

Auch *Kevins* Gefühle werden probieren, ihn an die Leine zu nehmen. Auf seiner Palette wird sich die „Farbe“ Angst ausbreiten und Platz beanspruchen. Die „Farben“ Hader und Ärgerlichkeit werden Nebennischen besetzen. Das Gefühl der Angst wird *Kevin* einreden, sich seine Zukunft rabenschwarz auszumalen und sich in Albträumen einzuigeln. Die Gefühle Hader und Ärgerlichkeit werden ihn dazu verleiten, sein Arbeitspensum gereizt und übersensibel zu absolvieren. Wer aber übersensibel ist, ist stets unsensibel gegenüber anderen, was *Kevin* einige Sympathien kosten wird. Doch er ist ein Menschenkind: Er hat eine Wahl.

Wir könnten uns Wahlmuster überlegen, die in den Situationen der beiden Personen mehr zustande brächten, als ihrer jeweiligen Gefühlsdominanz ungezügelt zu gehorchen. Doch halt! Mitten in unsere Überlegungen hinein platzen die

Buh-Rufe der Skeptiker: Haben *Sarah* und *Kevin* wirklich eine Wahl? Die Freundin ist futsch, die Sehkraft schwindet … – wer faselt da etwas von einer Wahl?

Stimmt, Wahl bedeutet nicht Beliebigkeit. Eine freie Wahl gibt es immer nur im Kontext des Schicksals, das über uns waltet. Wobei sich die Gefühle, die das jeweilige Schicksal bei uns hervorruft, dem Schicksal aufaddieren. Sodass jeder Wahlvorgang stattfindet angesichts von Schicksal *plus* den vom Schicksal bei uns hervorgerufenen Gefühlen und deren Appell an uns. Das klingt ordentlich verzwickt! Suchen wir Klarheit bei *Frankl*, der in seinem Buch „Ärztliche Seelsorge" schrieb:

„Das Schicksal gehört zum Menschen wie der Boden, an den ihn die Schwerkraft fesselt, ohne die aber das Gehen unmöglich wäre. Zu unserem Schicksal haben wir zu stehen wie zu dem Boden, auf dem wir stehen – ein Boden, der das Sprungbrett für unsere Freiheit ist. Freiheit ohne Schicksal ist unmöglich; Freiheit kann nur die Freiheit gegenüber einem Schicksal sein, ein freies Sich-Verhalten zum Schicksal … Der Boden, auf dem der Mensch geht, wird im Gehen jeweils auch schon transzendiert (= überwunden) und ist ihm Boden letztlich nur so weit, als er transzendiert wird, Absprungbasis ist."[8]

8 Wien 1982, 92.

Selbst den Skeptikern wird *Frankls* Gleichnis einleuchten. Der Vorgang des Gehens ist unweigerlich mit einer Bodenbasis verknüpft, und doch stößt man beim Gehen Fuß für Fuß vom Boden ab. Und wenn auch Fuß für Fuß zum Boden zurücksinken muss, kann doch Fuß für Fuß ein neuer Bodentritt gewählt werden, und *das* ist exakt die Wahl, die der Fuß gegenüber dem Boden und der Mensch gegenüber seinem Schicksal haben.

Was die Freundin tut, ist für *Sarah* somit „schicksalhafter Boden“. Die Gefühle, die das abweisende Verhalten der Freundin in ihr auslösen, sind sozusagen zusätzliche Schlieren am Boden, die diesen rutschig machen. Dennoch kann Sarah ihre Füße heben und vorsichtig gehen. Wohin? – Womit wir wieder bei der Frage nach einem zu empfehlenden Wahlmuster angelangt sind. Teilen wir ein solches in zwei Teile auf: Da ist einerseits das von *Frankl* geforderte „Zum-Boden-Stehen“. Gemeint ist die Akzeptanz des Unabänderlichen. Da ist andererseits das Sprungbrett, von dem sich *Sarah* abschnellen kann. Wohin? In die Menge dessen, was sie ändern kann. Und ändern kann sie vieles – bei sich selbst.

Zu Teil 1: Man braucht einen festen Stand, um abspringen zu können. Übersetzt: Man soll Haltung bewahren und sich zu seinem Schicksal bekennen. Der fest am Boden Stehenden wird nicht ins

Schleudern geraten; ihn kann das Schicksal nicht unter sich begraben. Festigkeit bedeutet *Akzeptieren, was ist*. Eine solche Festigkeit haben wir bei *Marina* vermisst. Ihr Ja-Sagen zum vorzeitigen Studienabbruch ist – nicht ohne ernste Folgen – zu lange ausgeblieben.

Sarah sollte sich gefestigter zeigen und sich unumwunden eingestehen: „Ja, meine Freundin hat sich von mir abgewandt.“ Die Neigung ist groß, sofort eine Erklärung oder gar eine Selbstverteidigung daranzuhängen, doch würde dadurch die Akzeptanz wieder aufgeweicht. Die echte Festigkeit, der festeste Halt, den wir haben, ist der *Blickkontakt mit der Tatsache*. Unentwegt zieht es uns Menschen zur Ursachenerforschung hin, allein, der Boden des Schicksals enthüllt seine Geheimnisse selten. Meistens verschluckt er die flehentliche Warum-Frage ungehört und unbeantwortet. Diese Erfahrung würde auch *Kevin* machen, wenn er nach einem Warum seines Augenleidens fragen würde. Erbliche Veranlagung? Eine Infektion in Kindertagen? Der „Boden“ wird ihm die Auskunft verweigern. Trotzdem kann er gefestigt auf ihm stehen und ein mit Fassung getragenes Ja zu seinem Manko sprechen.

Zu Teil 2: Mit dem festen Stand ist der Absprung gut vorbereitet. Das Änderbare lädt ein zur Wahl. Zu allem, was man (jedenfalls momentan) nicht ändern kann, kann man immer noch die *innere Einstellung* ändern, und das ist schon ein gehöriger Schritt in Richtung „neuer Böden". Die innere Einstellung ist ein geistiger Akt und daher spezifisch human. Wir Menschen können uns zu den Tatsachen, mit denen wir konfrontiert sind, verschieden einstellen: positiv oder negativ, akzeptierend oder verwerfend, barmherzig oder brutal ... - und entsprechend fällt unser Verhalten aus. Nicht mehr die Gefühle sind (wie bei den Tieren) die Oberbefehlshaber unserer Handlungen, sondern die *inneren Einstellungen*, die wir wählen, sind es. Sie lösen beim Homo sapiens die Macht der Gefühle ab.

Einstellungen verbrüdern sich mit Bewertungen. Einstellungen offenbaren den Charakter einer Person. Einstellungen sind empfindsam gegenüber Zeitströmungen und Denktrends (von denen sie beeinflusst werden) und trotzdem Insignien persönlicher Autonomie. Während Gefühle automatisch hochwallen, von uralten Skripts diktiert, muss um Einstellungen gerungen werden. *Sarah* könnte sich zum Beispiel abringen, der Freundin *gewogen zu bleiben*. Beim erlittenen „Paukenschlag" mag es mildernde Umstände gegeben haben. Freilich war die telefonische Botschaft vom „Aus" nicht die Abschiedszeremonie, die man sich bei engen Freundinnen vorstellt. Aber wahrscheinlich lagen die Nerven der Freundin blank. Das Wagnis der Eröffnung des Ladens und die damit verbundene Verantwortung wird an ihr gezerrt haben. Sie wird auf *Sarahs* Solidarität gebaut haben und war entsprechend enttäuscht. Eine wirkliche „Schuld" ist bei *Sarah* nicht erkennbar, doch hat es sicher an der Feinabstimmung zwischen den beiden gemangelt.

Mit einer derartigen Einstellung könnte *Sarah* eine vorzügliche Wahl treffen: Sie schreibt der Freundin, dass *von ihr aus* die Freundschaft weiterlebt, dass sie ihr gerne behilflich ist, wenn sie etwas zum Florieren der Änderungsschneiderei beitragen kann, und dass sie ihr aufrichtig das Allerbeste wünscht. Und sie erwartet nichts – keine Rückmeldung, keinen Dank, keine Entschuldigung, rein gar nichts. *Das* wäre ein echter Liebesbeweis! Sie ließe der Freundin die Freiheit der Entscheidung.

Wollte *Sarah* ihre innere Einstellung in die Sonderklasse führen, könnte sie sich zusätzlich die Dankbarkeit für die erlebten Gemeinsamkeiten abringen. Hat sie diese Freundschaft nicht genossen? Sind nicht lustige, fantastische, aufregende Stunden darunter gewesen? Wer wollte sie ihr rauben? Sie aus ihrer Vergangenheit streichen? Man muss nicht immer um eine Verlängerung des Schönen betteln. Es darf auch – einmal genügen.

Kevin könnte ein ähnlich hoher Absprung vom

Boden seines Schicksals gelingen ..., vorausgesetzt, er hätte zuvor einen festen Stand darauf. Seine Augen sind nicht voll intakt. Punktum. Dessen braucht er sich nicht zu schämen. Das braucht er auch nicht zu verheimlichen. Er als Person ist in Ordnung – mit Ohren, die hören, mit Stimmbändern, die Sprache erzeugen, mit einer Reihe von Organen, die treu und brav ihre Aufgaben erfüllen, mit Muskeln, die den Nervenimpulsen Folge leisten usw. *und* mit Augen, die ihm trotz Einschränkungen mehr als ein halbes Jahrhundert lang Anschauung und Orientierung ermöglicht haben und es, eingeschränkt, immer noch tun. Sind das Gründe zu Hader und Ärgerlichkeit? Nein, diese Gefühle kann er getrost entsorgen.

Schwieriger ist es mit der beklemmenden Angst. Sie ist keine irrationale, überflüssige Angst (wie etwa in *Silvias* Fall), die sich mit der Paradoxen Intentions-Methode von *Frankl* verscheuchen ließe. *Frankl* selbst hätte einen solchen Versuch als Kunstfehler bezeichnet. *Kevins* Angst hat eine *Berechtigung*. Es kann sein, dass ihm das Schicksal das Augenlicht sukzessive hinunterschraubt. Hier zu einer Akzeptanz zu gelangen, ist kein einfacher Prozess.

Doch noch stehen *Kevin* Wahlen offen, noch kann er seine Schritte lenken. Mit der Einstellung, dass er sämtliche ärztliche Chancen nützen will, die sich ihm bieten, aber dass er sich gleichzeitig mit demjenigen abfinden wird, was nicht zu retten ist, würde *Kevin* dem Pesthauch der Angst weitestgehend entrinnen. Die Angst hätte keine Angriffsfläche mehr, sie könnte ihn nicht mehr aus dem Gleichgewicht werfen. Das konkrete Wahlmuster würde also beinhalten:

1. Keine Geheimniskrämerei in der Arbeitsstelle, sondern Offenheit und Ehrlichkeit. Man wird Verständnis für ihn haben.
2. Keine Frustabladung in der Arbeitsstelle. Dafür hätte niemand Verständnis. Und *Kevin* kostet es nur Sympathien.
3. Informationen über Augenoperationen und aktuelle Behandlungsstrategien sammeln in der Freizeit. Er könnte sich bei den Granden der Branche vorstellen und nach deren Beurteilungen erkundigen. Der „mündige" Patient nimmt das Heft selbst in die Hand.
4. Einem (noch gar nicht spruchreifen) Arbeitsstellenverlust gelassen entgegensehen. Kommt Zeit, kommt Rat.
5. Die letzte Bastion der Angst stürmen, indem er sich vornimmt, im Erblindungsfall den Fußstapfen des Vaters auszuweichen. Denn auch dann wäre sein Schicksal sein Sprungbrett in die Freiheit. Er könnte sich einen Blindenhund anschaffen, der ihn um örtliche Hindernisse herumdiri-

giert, er könnte in ein Blindenheim übersiedeln, in dem er jegliche Unterstützung hätte, und er müsste überhaupt nicht griesgrämig werden. Wie viele perfekt sehende Leute verbringen ihre Tage in Griesgram? Warum sollte ein Blinder nicht fröhlich sein dürfen?

Mit solchen und ähnlichen Wahlmustern würden *Sarah* und *Kevin* die „Böden", auf denen sie stehen, wahrlich transzendieren, um *Frankls* Fachausdruck zu verwenden, und sich völlig neu aufstellen. Die „Septembersonne" verliert zwar an Kraft, aber wer weiß? Das Schicksal verrät seine Pläne nicht. Vielleicht ist *Sarahs* Freundin gerührt und kommt zurück? Vielleicht verläuft *Kevins* Operation erfolgreich? Im September kann es noch herrlich warm werden.

* * *

Regina war vor ihrer Verehelichung Fußpflegerin. Sie ist eine kontaktfreudige Frau und mochte ihren Beruf. Als sie sich gerade zu einer Zweitausbildung als Masseurin angemeldet hatte, wurde sie schwanger und hängte ihren Beruf an den Nagel. Inzwischen ist sie seit 27 Jahren verheiratet und leidenschaftliche Mutter von sechs Kindern.

Nachdem auch der jüngste Sohn ihren Mutterfittichen entwachsen ist, drängt ihr Mann darauf, dass sie beruflich wieder einsteigt. Fünf ihrer Kinder verdienen noch kein eigenes Geld, was den Familienetat arg strapaziert. *Regina* bewirbt sich in ihrem alten Beruf als Fußpflegerin, heimst aber überall Absagen ein. Zu lange war sie „weg vom Fenster“, und sie ist sich nicht einmal selbst sicher, ob sie den aktuellen Praxisanforderungen gewachsen wäre. Nach aufreibenden Bewerbungswochen findet sie eine Anstellung als Packerin in der Versandindustrie.

Das ist überhaupt nicht nach ihrem Geschmack. Sie ist den ganzen Tag auf den Beinen, weg von zu Hause, zu beschäftigt für Gespräche mit Kolleginnen, und bereitet pausenlos bestellte Waren für den Versand vor. Eine zermürbende Tätigkeit! Kehrt sie abends heim, ist sie hundemüde, und der Haushalt ist nicht getan. Nach ein paar unerquicklichen Szenen macht ihr Mann einige Handgriffe mehr als früher, doch nur widerwillig. Und die Kinder basteln an ihrer eigenen Zukunft, was ja auch so sein soll. *Regina* baut körperlich und seelisch ab.

Ihr würde es ebenfalls helfen, zu einer Einstellung zu gelangen, mit der sie sich vom Boden ihres Schicksals ein wenig abheben könnte. Es gilt, die Wahlmöglichkeiten achtsam zu durchforsten, denn die wenigen, die sie auf Anhieb wahrnimmt, gefallen ihr samt und sonders nicht. Das Handtuch werfen und die Studienziele der Kinder gefährden? Die Zähne zusammenbeißen und durchhalten? Was ihr helfen würde, wäre eine *Kombiwahl,* die mehrere Aspekte berücksichtigt. Zum Beispiel nach folgendem Muster:

„Okay, ich arbeite als Packerin so lange, bis wenigstens drei meiner Kinder selbständig sind und keinen finanziellen Zuschuss von uns Eltern mehr brauchen. Während dieser für mich anstrengenden Zeit bitte ich meinen Mann, mich in Form klar umrissener Aufgaben im Haushalt zu unterstützen. Wenn er meutert, nehme ich das nicht tragisch, denn ich denke mir, dass es ihm nützlich sein kann, sich in Haushaltsdingen auszukennen. Sollte ich krank werden oder vor ihm sterben, wird er davon profitieren … Sind drei Kinder schließlich unabhängig von uns geworden, werde ich beim Paketversand sofort aufhören. Da ich dann freie Zeit übrig haben werde, mehr sogar als in unserer einstigen Großfamilie, kann ich darüber spekulieren, private Dienste als mobile Fußpflegerin anzubieten. Es gibt alte und behinderte Leute, die froh wären, wenn jemand zur Pflege zu ihnen ins Haus käme. Die sich sogar über eine begleitende Plauderei freuen würden. Ich könnte mir die Termine in gröberen Abständen einteilen, und mein dabei erworbenes ‚Taschengeld' würde uns reichen. Auch mein Mann wäre wieder entlastet. Ja, das ist ein Entwurf, der mir gefällt … Er erinnert ein bisschen an die Option eines ‚Altweibersommers'…", lächelt *Regina* in sich hinein.

Mit einer solchen Einstellung wäre ihr seelischer Abbau zu stoppen. Vielleicht auch ihr körperlicher Abbau, wenn sie bei der häuslichen Perfektion ein paar Abstriche macht und den erwachsenen Kindern erlaubt, ihr gelegentlich unter die Arme zu greifen. Familie ist von ihrem Ursinn her *Zusammenhalt. Regina* hat ihr halbes Leben in die Familie investiert. Warum soll es ihr nicht gelohnt werden? Gemeinsam wäre die gegenwärtige „Durststrecke" zu meistern … – auf dem Weg zu sechs tüchtigen jungen und zwei älteren Menschen, die einander lieb haben und mit ihren Lebensentwürfen zufrieden sind.

* * *

Im September ist der Jahreszenit längst überschritten, und alles Überschrittene steigt im Kurs der Wertschätzung. Die Sonnentage werden kürzer, die Zeit verrinnt. Carpe diem! Kosten wir sie aus, diese noch warmen Tage unseres Lebens! Lassen wir nicht vorzeitig frostige Ängste und Ärgernisse an sie heran! Schätzen wir den leisesten Luftzug von Gnade, der uns streift. Geschenk ist alles, pures Geschenk – auf Zeit.

Und tasten erste Kältefinger nach uns, dann vergessen wir nicht:

1. Das Schicksal ist mächtig, so mächtig wie die Schwerkraft, die uns an den Boden fesselt. Alles fällt nach ehernem Gesetz auf ihn zurück …, da gibt es kein Entkommen.

2. Dennoch entkommen wir der Schwerkraft ununterbrochen, indem wir uns vom Boden hochstemmen beim Gehen, beim Hüpfen, bis hin zu den Weltraumflügen …

3. Das soll uns Symbol unserer Freiheit sein. Wo nichts mehr zu ändern ist, ist stets die innere Einstellung dazu änderbar, und sie lenkt unser menschliches Verhalten.

4. Ist unsere innere Einstellung besonnen, ist sie nobel, dann treffen wir auch Wahlen, mit denen wir – Aug in Aug mit unserem Schicksal – gut leben können.

Oktober

Vom Einfahren irdischer Ernte in himmlische Speicher

ÜBERWÄLTIGENDES GESCHENK

Allein um die Erde in ihrer Blüte zu sehen,
dieses unfassbare Frühlingswunder,
würde es sich schon zu leben lohnen.
Aber dann auch noch die Fülle
der Früchte des Herbstes
genießen zu dürfen,
ist ein so überwältigendes Geschenk,
dass man gar nicht genug
dafür danken kann.

Elli Michler

Seit der Mensch sesshaft geworden ist, wird in allen Kulturen die Erntezeit gefeiert. Sie bedeutet viel Arbeit, aber solche Arbeit hellt die düsterste Miene auf: die Scheunen, Kammern, Silos füllen sich, die Natur verschwendet ihre Gaben in Massen, der Hunger ist auf lange Sicht kein Thema mehr. Die Menschen lachen, tanzen und singen im Reigen, schwenken bunte Bänder und Fahnen, fallen sich übermütig in die Arme, sind durchdrungen von Dankbarkeit: So zeigen es alte Bilder von Erntefesten.

Auch in unserer Zivilisation findet diese Tradition Ausdruck in zahlreichen Veranstaltungen und Festivitäten, wenngleich die Dankbarkeit eher ins Unbewusste versinkt – Herbstfeste und Jahrmärkte huldigen anderen als andächtigen Zwecken. Doch auch sie wurzeln in der Ausgelassenheit und Erleichterung über die eingefahrene Jahresernte.

Lili ist 84 Jahre alt und leidet an der Alzheimer-Krankheit. Sie lebt im Haus ihres Sohnes und wird von bezahlten Pflegekräften betreut. Neuerdings wird ihr Zimmer zugesperrt, damit sie nicht unbeaufsichtigt herumirrt. Der Sohn lässt sich bei ihr selten blicken, weil mit ihr „sowieso nichts Gescheites anzufangen ist“. Die Schwiegertochter hat noch weniger Lust, ihr Zimmer zu betreten. Sie plädiert für eine Heimunterbringung der Schwiegermutter, aber der Sohn rechnet ihr vor, dass die Lösung mit den Pflegekräften preisgünstiger ist. Es handelt sich um wechselnde ausländische Kräfte, die kaum Deutsch verstehen, was „bei dieser Patientin egal ist".

Lili sitzt stundenlang am Fenster, ohne sich zu rühren. Was in ihr vorgeht, weiß niemand. Gelegentlich wird der Hausarzt gebeten, ihre Medikamente zu überprüfen, aber da *Lili* nicht rückmelden kann, wie es ihr geht, bleibt die verschriebene Dosis unverändert. Einer der Pfleger, ein junger Mann, behauptet zwar, dass sie eine Abneigung gegen die Pillen habe, die ihr auf einem Löffel in den Mund geschoben werden, doch – was hilft es? Sohn und Schwiegertochter zucken mit den Achseln.

Eines Tages übermannt den jungen Pfleger das Mitleid mit der alten dementen Frau. Er bekleidet sie mit Jacke und Mütze und führt sie spazieren. *Lili* wird lebhaft und lacht. Bei einem Spielwarengeschäft bleibt sie stehen und zeigt in die Auslage. Plötzlich spricht sie über Schnuller und Püppchen, Kinderpuzzle und Windräder. Als er mit ihr ins Geschäft geht, ist sie selig. Sie darf einen weißen Stoffhasen anfassen und möchte ihn gar nicht mehr hergeben. Der Pfleger kauft ihn und kehrt mit ihr heim. Von da an spricht *Lili* mit dem Hasen auf ihrem Schoß und scheint besserer Stimmung zu sein als zuvor.

Auch *David* ist 84 Jahre alt, aber noch erstaunlich rüstig. Er schreibt an seinen Memoiren. Er hat in den Tierversuchsanstalten, in denen er beschäftigt war, viel erlebt und möchte die pikantesten und ergreifendsten Storys an seine Enkel weiterleiten. Für ihn ist alles, was mit Tieren zusammenhängt, wichtig. Er hat nie restlos eingesehen, dass mit Tieren zu Forschungszwecken experimentiert werden darf, hat sich aber dem Usus gebeugt und sich engagiert um die Ratten, Hamster, Schweinchen, Affen etc. in den Käfigen der Anstalten gekümmert.

Bei der Geburtstagsfeier seiner 15-jährigen Enkelin kommt es zum Eklat. *David* übergibt ihr den ersten, soeben fertig gestellten und behutsam mit Bildern garnierten Band seiner Memoiren, für den er in der Buchbinderei eigens einen mit Silber verzierten Einbanddeckel ausgesucht hat. Die Enkelin schneidet eine Grimasse und steckt den Band verächtlich in eine Schublade. Die Hamster und Ratten seien ihr völlig egal, erklärt sie, und Opas antiquierte Ansichten interessierten sie keinen Deut.

David ist so konsterniert, dass er keinen Bissen der cremegefüllten Geburtstagstorte hinunterbekommt. Andere Familienmitglieder versuchen ihn mit dem Hinweis auf das „schwierige Alter" der Enkelin zu trösten, aber auch sie halten seine Geburtstagsgabe für einen Flop. „Weißt du, was sich junge Mädchen heutzutage wünschen?", fragen sie ihn, und er schüttelt benommen den Kopf. Er weiß es nicht. Er weiß nur, dass ihn die Freude am Verfassen seiner Memoiren verlassen hat. Soll er den zweiten Band überhaupt fortsetzen? Wozu? Niemand wird ihn lesen, und nach seinem Tod werden die Bände im Altpapier landen. Sein Leben hat an Sinngestalt eingebüßt.

Passen unsere „Figuren" *Lili* und *David* überhaupt zu den jubilierenden Erntedankfesten des Oktobers? Doch, sie passen ausgezeichnet dazu! Denn es gibt auch eine ganz andere Art von Ernte als Getreidekörner, Weintrauben, Nüsse und Früchte. Es gibt die *persönliche Lebensernte*, die umso voller ausfällt, je betagter jemand ist. Und die – unvergänglich ist.

Überlegen wir: Wohin verrinnt die Zeit eigentlich? Wenn wir glauben, sie bewege sich in die Zukunft hinein, befinden wir uns im Irrtum, wie *Viktor E. Frankl* ausführlich dargelegt hat. Gerade umgekehrt fließt der Strom der Zeit: von der Zukunft über die Gegenwart in die Vergangenheit hinein. Seine Ursprungsquellen sind die Möglichkeiten der Zukunft, die ans Schleusentor der Gegenwart heranbranden, wo sich ihr weiterer Verlauf gabelt. Die in der Gegenwart ergriffenen Möglichkeiten setzen sich um in Wirklichkeit. Sie werden ver-wirklicht und treiben hinein ins Meer der Vergangenheit. Die in der Gegenwart nicht ergriffenen Möglichkeiten müssen vor dem Schleusentor ausharren, bis sie eventuell später ergriffen werden. Ist dies nicht der Fall, vergehen sie. Möglichkeiten sind „Nichtse", die einzig dann ins Sein gelangen, wenn sie das Schleusentor der Gegenwart passieren dürfen. Was allerdings einmal ins Meer der Vergangenheit eingelassen worden ist, das ist dort für ewig geborgen. Aus der Vergangenheit wird nichts mehr herausgespült.

Betrachten wir die Lebensläufe von *Lili* und *David* unter diesem philosophischen Aspekt. *Lili* hat als junge Frau viele Möglichkeiten gehabt, ihr Leben aufzubauen. Sie hätte diverse Berufe erlernen können, sie hätte sich mit den unterschiedlichsten Menschen zusammenschließen können. Eine lange Reihe an Möglichkeiten hat vor ihrem damaligen Schleusentor Schlange gestanden, um durchzuschlüpfen. Unter diesen „Noch-Nichtsen" hat sie einige herausgefischt und realisiert. Sie hat sich einer Schulung zur Hebamme unterzogen, und sie hat einen Mann, den sie beim Tennisspielen kennengelernt hat, geheiratet. Damit hat sie zahlreiche andere Möglichkeiten zum Nicht-Sein verurteilt. All die Berufe, die sie auch hätte erlernen können, und all die männlichen Kandidaten, die sie auch hätte ehelichen können, sind gleichsam an ihr „vorübergeschwommen": Die Möglichkeiten, dass sie *ihre* Berufe, *ihre* Partner würden, sind im Nichts geblieben, zu nichts geworden. Das Herausgefischte, das Verwirklichte aber ist ins Sein gekommen: Sie *ist* Hebamme geworden, und sie *ist* die Gattin jenes Tennisspielers geworden. Das ändert sich nicht mehr, fließt nicht mehr stromaufwärts zu den ungewissen Möglichkeiten zurück. Nein, das mündet ein ins Meer der Vergangenheit, wo es sicher und unverrückbar ruht. Keine Macht der Welt kann es daraus entfernen. Es sammelt sich zu *Lilis* persönlicher Lebensernte an.

Gehen wir mit unseren Überlegungen einen Schritt weiter. Wie steht es mit der Qualität des ins Sein Gelangten? *Lili* war eine großartige Hebamme. Sie wusste die gebärenden Frauen zu ermutigen, sie freute sich über jede geglückte Geburt, sie strahlte bei jedem gesunden Baby, das sie abnabelte. Vor allem bewährte sie sich angesichts der Nachtseiten ihres Berufes. Bei Komplikationen, Missbildungen, Totgeburten war sie den Frauen ein großer Halt im Leid, umfing sie mit ihrer Herzenswärme und stand ihnen außerdienstlich noch bei. Nicht wenigen Kindern hat sie einen kritischen Sauerstoffmangel während des Geburtsvorganges erspart. Mehrere winzige Leichname hat sie würdig gebettet. Es gab Wöchnerinnen, die *Lili* als „Engel" bezeichnet haben.

Auch ihre Ehe gelang. Während ringsum Ehen zerbröckelten und die Scheidungen zunahmen, lebte sie beständig mit ihrem Mann, bis er den Folgen eines Schlaganfalls erlag. Auch während seiner Krankheit war sie die Stütze an seiner Seite. Mit ihrem einzigen Kind, ihrem Sohn, hatte *Lili* allerdings Sorgen, weil er öfter die Schule schwänzte und bei den Hausaufgaben schlampte. Es wurde besser, nachdem sie ihn in einem Internat untergebracht hatte, aber sie machte sich trotzdem Vorwürfe, ihn relativ früh von zu Hause weggegeben zu haben. Obwohl er ihr dies nicht vorwarf, blieb sein Verhältnis zu ihr unterkühlt.

Der Lebensgemeinschaft ihres Sohnes mit einer Hostess entspross eine (unerwünschte) Tochter, und *Lili* sprang in die Bresche. Sie schied aus ihrem Beruf aus und nahm die Enkelin bei sich auf. Diesmal, so schwor sie sich, würde sie in der Erziehung nicht „versagen“. Mit all ihrer Hingabe hing sie an dem Mädchen. Doch das Schicksal mischte die Karten anders, als von ihr erwartet. Die Lebensgemeinschaft des Sohnes brach auseinander, die Hostess holte ihre mittlerweile 11-jährige Tochter von der Oma (die für die Kleine „Mutter“ war) ab und zog mit ihr nach Belgien. Von Stunde an erholte sich *Lili* nicht mehr. Sie verkroch sich in ein imaginäres Schneckenhaus und wurde immer sonderlicher. Irgendwann begann die Alzheimer-Krankheit und umnebelte ihren Geist. Als sie gänzlich zu verwahrlosen drohte, nahm der Sohn, der inzwischen mit einer Schaffnerin verheiratet war, sie in seinem Haus auf. Den Rest kennen wir.

Was hat es also mit der Qualität von *Lilis* Lebensernte auf sich? Filtern wir diese aus den wenigen Stichworten heraus: *Lili* hat *unendlich viel geholfen*! Den gebärenden Frauen, den ankommenden neuen Erdenbürgern, ihrem Mann, ihrem Sohn, ihrer Enkelin! Ihr Leben war ein Dasein für die Mitmenschen von A bis Z! Keine bösen Taten, Gehässigkeiten oder Egoismus trüben ihre Vergangenheit. Und nicht nur das Gewesene, sondern auch *die Qualität* des Gewesenen bleibt im Sein der Vergangenheit unbeschädigt aufbewahrt. *Lilis* Leben ist ein Vorbild und wird es ewig sein. Man kann ihr dazu nur gratulieren!

Auch *Davids* Lebensernte ist beachtlich. Als Sohn eines Jägers hat er früh mit Tieren zu tun gehabt. Aber er wollte nicht auf sie schießen. Sein Traumjob wäre es gewesen, Tierwärter in einem Zoo zu sein. Das hat mit den Anstellungen in den Versuchsanstalten nur beinahe geklappt. Immerhin, er hegte und fütterte die Tiere in den Laboratorien, hielt ihre Schlafplätze sauber, gab ihnen Namen und trauerte um jedes, das verendete. Er trat einer Vereinigung von Tierschützern bei und erreichte gemeinsam mit ihnen ein paar Gesetzesauflagen, darunter ein strengeres Verbot der Vivisektion. Manches „ausgemusterte" Geschöpf, das nicht mehr „verwendet" werden konnte, trug er zu sich nach Hause und brachte es in einem kleinen Stall unter, den er gezimmert hatte. Seine Familie tolerierte dies, solange keine Mäuse durchs Wohnzimmer huschten und keine Kröten die Waschbecken okkupierten. Ein putziges Äffchen, dem die Haare ausgefallen waren, wurde sogar eine Zeitlang der Spielgefährte seiner Kinder, aber auch dieses erlag den Folgen der pharmazeutischen Experimente, die zur Bekämpfung menschlicher Krankheiten mit ihm durchgeführt worden waren.

Es gehörte zu *Davids* Aufgaben, Protokolle über das Verhalten der Tiere anzufertigen. Er war sowohl ein geduldiger Beobachter als auch ein begabter Verfasser der Niederschriften seiner Beobachtungen, was ihm viel Lob seitens des Veterinärteams einbrachte. An die vierzig Artikel in wissenschaftlichen Fachzeitschriften basierten fast wortwörtlich auf seinen Protokollen, und obwohl seine „Koautorenschaft" nirgends aufschien, war er stolz darauf, mitgewirkt zu haben, und hortete alles diesbezügliche Material in säuberlich beschrifteten Mappen. In seinen Memoiren wollte er den gedruckten Texten in Kombination mit seinen persönlichen Erinnerungen an die betreffenden Tiere einen zentralen Platz einräumen …

Filtern wir wiederum die Qualität aus *Davids* Lebensernte heraus: *David* hat von Kindesbeinen an *sein Herz den Tieren verschrieben.* Er hat denen, die nicht in Freiheit leben durften und allerlei Torturen über sich ergehen lassen mussten, ihre beschränkte Lebensspanne so angenehm wie möglich gestaltet. Er hat sich um ihre Rechte bemüht, er hat sie zu verstehen versucht, er hat ihnen in seinen Protokollen „Denkmäler" gesetzt. Und er ist sich selbst treu geblieben, als Tierschützer, als Familienvater, als „Poet" – ist nie ausgerastet, hat nie seinen Aggressionen freien Lauf gelassen, ist bei der ganzen Sisyphusarbeit, die er zu leisten hatte, nie müde geworden. Wir dürfen die Vermutung wagen, dass er selbst die Geburtstagsfeier seiner Enkelin ohne anhaltenden Groll überstehen wird. Welch ein grandioses Lebenswerk, das da in die bergende Vergangenheit hineingeerntet worden ist! Aus der es nie mehr herausgerissen werden kann! *David* darf zu Recht stolz sein – nicht bloß auf die ihm abgeluchsten Artikel, sondern auf die Fülle seiner verwirklichten Taten und seiner verwirklichten Liebe. Auch ihm gebührt, genau wie *Lili,* Gratulation!

Fragt sich nur, *wer gratuliert*?

Jetzt müssen wir mit unseren Überlegungen einen Schritt weiter gehen. Stellen wir uns einen

Schafzüchter auf einer entlegenen Alm vor, der die frische Schurwolle stapelt. Braucht er einen Nachbarn, der über den Zaun guckt und ihm gratuliert? Oder kann er sich über den reichen Wollsegen auch allein freuen? Letzteres ist anzunehmen. Unser Überlegungsschritt ist aber noch nicht groß genug. Wir müssen ihn ausdehnen. Angenommen, der Schafzüchter liegt in tiefem Schlaf; er erinnert sich nicht seiner gestapelten Wollmenge; er träumt auch nicht von ihr. Ist sie deshalb – weg? Natürlich nicht! Sie ist immer noch da in ihrer erfreulichen Menge!

Wie ist das dann mit *Lilis* und *Davids* Erntesegen? Wenn *Lili* keine Memoiren schreibt, wenn *Davids* Memoiren von niemandem gelesen werden, ist alles, was die beiden erlebt und gelebt haben, dann – weg? *Frankl* schrieb dazu in seinem Buch „Der Wille zum Sinn“:

„... ob jemand erinnernd daran zurückdenkt oder nicht, das ist ebenso unwesentlich, wie es unwesentlich ist, ob wir an etwas, das neben uns besteht, denken oder auf es hinblicken, oder nicht; es besteht *unabhängig* von unserem Bewusstsein und von dessen Zuwendung zu ihm, und so *besteht* nicht nur alles unabhängig von unserer subjektiven Hinwendung, sondern ebenso unabhängig besteht es auch *fort*. Freilich ‚nehmen wir nichts ins Grab mit‘; aber ist die Totalität des Lebens, das wir gelebt haben und im Sterben eben fertig gelebt haben, ist diese Totalität nicht etwas, das *außerhalb* aller Gräber bleibt, und außerhalb ihrer eben auch *bleibt*? Und nicht nur trotz der Vergänglichkeit bleibt, sondern eben gerade in seinem Vergangensein *aufbewahrt* bleibt?“[9]

Wir sollten uns beizeiten an den Gedanken gewöhnen, dass unsere Lebensernte weder menschliche Zuschauer noch Gratulanten braucht, um reichhaltig und erfreulich auszufallen. Was sie wirklich braucht, ist eine *gute Qualität,* denn im Meer des ewigen Seins, in dem sie „abgespeichert“ wird, ändert sich nichts mehr. Was gut war (von jemandem gewusst oder nicht), bleibt gut. Was nicht gut war (von jemandem gewusst oder nicht), wird nie mehr gut sein. Und vielleicht …, ach, vielleicht gibt es *doch* einen Jemand, der alles weiß …?

* * *

Franz ist ein Mann im „besten Alter“, aber nicht mit bester Vorgeschichte. Zwei Jahrzehnte lang war er ein notorischer Spieler. Schon als junger Bursche aus wohlhabender Familie hat er sich in Kasinos herumgetrieben, und obwohl er seine sich anbahnende Sucht zu verniedlichen trachtete, musste er wiederholt seine Eltern um Geld-

9 München 1991, 51.

spritzen bitten. Auch als er jung verheiratet war, konnte er seinen Drang nicht zügeln. Er schlich sich so, als ginge er zu einer heimlichen Geliebten, unter dem Vorwand aller erdenklichen Ausreden wie Börsengeschäften, außertourlichen Verhandlungen mit Maklern etc. ins Kasino. Allmählich wurde es für ihn kompliziert, sein schlechtes Aussehen, seine Schlaflosigkeit, seine abrupten Hochstimmungen und Niedergeschlagenheiten zu erklären. Als seine Nervenkraft vollends zerrüttet war, riskierte er zu viel und verspielte sein gesamtes Vermögen inklusive des elterlichen Erbes. Der „Schwindel" flog auf, er zerschnitt sich die Pulsadern und fand sich in einem psychiatrischen Krankenhaus wieder.

Bis zu diesem Zeitpunkt hat *Franz* eher Missernten eingefahren. Aber das Schicksal war gnädig und hat ihm eine zweite Chance gewährt. Noch im Krankenhaus kam es zu einem entscheidenden Vier-Augen-Gespräch zwischen ihm und seiner Frau *Isabel*.

Isabel ist im Unterschied zu *Franz* in Armut aufgewachsen, hat aber Liebe und Nestwärme erfahren, wodurch es ihr im Grunde an nichts gemangelt hat. Sie hat sogar den Vorteil vieler aus ärmlichen Verhältnissen stammender Personen, dass sie mit wenig Besitztum durchaus zufrieden sein kann. Bekäme sie nur ein Stück Brot zum

Frühstück, ohne Butter, Wurst oder Käse, wäre das für sie kein Problem … Als sie *Franz* heiratete, fühlte sie sich ihren betuchten Schwiegereltern gegenüber ein bisschen gehemmt. Doch diese kümmerten sich nicht um ihre Herkunft und waren vorrangig mit ihren eigenen Belangen beschäftigt.

Isabel hat *Franz* blindlings vertraut. Als die Lügenblase platzte, war es ein enormer Schock für sie. Der Verlust aller pekuniären Sicherheiten erschütterte sie nicht so sehr wie die vertuschte Spielsucht ihres Mannes. Damit wusste sie nicht umzugehen. Doch wollte sie ihm helfen, um jeden Preis. Sie lief von Fachstelle zu Fachstelle und hörte schließlich von einer Entzugsklinik, die auf derlei Symptome spezialisiert ist. Im Vier-Augen-Gespräch gelang es ihr, ihrem Mann das Ehrenwort abzutrotzen, er werde sich nach seiner physischen Genesung in diese Klinik überweisen lassen. Sie veräußerte alles, was an verkäuflichen Werten vorhanden war, um seine Rehabilitation zu finanzieren. Sie nahm einen Job als Hilfskraft in einem Hotel an, um für den gemeinsamen Lebensunterhalt zu sorgen. Sie kämpfte wie eine Löwin um *Franz* – und hatte Erfolg. Er kehrte als mittelloser, aber geheilter Mann zu ihr zurück.

Jetzt leben die beiden bescheiden in einer Zwei-Zimmer-Wohnung. *Franz* besucht zwei vom Arbeitsamt geförderte Kurse, um sich ein neues berufliches Standbein zu schaffen. *Isabel* putzt im Hotel und übernimmt zusätzliche Arbeiten am Wochenende, um für einen kleinen Gebrauchtwagen zu sparen. Obwohl sich *Franz'* Eltern von ihm abgewandt haben, weil sie fürchten, demnächst wieder von ihm „angeschnorrt" zu werden, hält *Isabel* einen Mindestkontakt zu ihnen aufrecht. Sie möchte ihrem Mann die familiären Bande erhalten. Die Eltern glauben nicht an das „Wunder der Bekehrung" ihres Sohnes, aber *Isabel* glaubt an ihn, und ihr Glaube macht ihn stark. Jeden Abend, wenn er sie zärtlich umfängt und ihr eine gute Nacht wünscht, beteuert er, dass sie sein größter Schatz sei und dass er sie nie mehr enttäuschen möchte. Das entschädigt *Isabel* für alles erlittene Ungemach.

Betrachten wir die zwei Personen wiederum aus der Perspektive ihrer bisherigen Lebensernte, dann sehen wir insbesondere bei *Franz* einen steilen Anstieg in der Qualitätskurve. Jetzt, da sein gesamtes „Haben" verlorengegangen ist, ist sein „Sein" beträchtlich angewachsen. Er „ist" ein anständiger, ehrlicher Mann geworden, der sich freigestrampelt hat aus einer schrecklichen Sucht – was einer Meisterleistung gleicht! Süchte haben eine immense Sogwirkung, sie verschlingen die eisernsten Vorsätze im Nu. Süchtige müssen einen lebenslangen Verzicht auf das Suchtmittel erbringen, und auch *Franz* hat im Zuge seiner Therapie begriffen, dass er künftig nicht nur um Kasinos einen Riesenbogen machen muss, sondern auch die Finger (und Sinne) von Spielautomaten, Computerspielen und sogar harmlosen Spielkarten oder Würfeln lassen muss. Ausnahmslose Abstinenz ist die einzige Vorbeugung gegen einen Rückfall, die es gibt. Freilich wissen wir nicht, ob und wie lange *Franz* durchhalten wird, aber gewiss ist, dass sein Sieg über die Sucht und die Spanne seiner Spielabstinenz zu den kostbarsten „Garben" seiner Lebensernte zählen, zu einem inneren Reichtum, der im Kontrast zum äußeren Reichtum nicht mehr verlustig gehen kann. So wie das geerntete „Habgut" von Landwirten und Bauern in irdische Speicher gelangt, so gelangt geerntetes „Seinsgut" in himmlische Speicher, und während sich Erstere verbrauchen, bleiben Letztere ewig unangetastet – in einer Dimension jenseits von Zeit und Vergänglichkeit.

Bei *Isabel* steht die Qualität ihrer bisherigen Lebensernte außer Zweifel. *Franz* hat das richtige Wort für sie gefunden: Sie ist ein *Schatz*! Mit ihr hat Franz geradezu „den Jackpot geknackt"! Wie viele andere Frauen hätten ihn in seinem Elend im Stich gelassen, als selbst seine Eltern von ihm abgerückt sind. Nicht so *Isabel*. Sie hat unter persönlichen Opfern alles Menschenmögliche unternommen, um ihn zu retten. Unabhängig davon, ob dies auf Dauer gelingt, gipfelt sich ihre Lebensernte jetzt schon auf und wird – wie anzunehmen ist, in Zukunft noch an Qualität und Volumen gewinnen. Wer ist diese Frau? Eine Hilfskraft in einem Hotel? Eine „Heilige"? Im Meer der Vergangenheit, im Buch der Ewigkeit wird dereinst genau verzeichnet sein, wer sie ist und gewesen ist …

Eine Frage zuletzt: Ob es etwas ausmacht, was da im Sein, im Vergangen-Sein von unserem Leben (gespeichert) ruht? Wer weiß das schon! Der Monat Oktober lehrt uns, *dass* es etwas ausmacht, ob eine Ernte gut oder schlecht, überquellend oder dürftig ausfällt. Unser innerstes Gespür tickt konform mit. Angesichts vollbeladener Wägen, die von den Gärten und Feldern zurückkehren, rührt sich eine Ahnung in uns, dass auch wir endliche Wesen eines Tages von unserem Erdenspaziergang zurückkehren werden – zwar mit einem „Hemd ohne Taschen", dafür aber auf einem unsichtbaren Wagen voller gelebter Wirklichkeit. Denken wir deswegen mitten in der Ausgelassenheit herbstlicher Wein- und Erntedankfeste ein paar Minuten daran:

1. Dass die Möglichkeiten, die wir haben, „Nichtse" sind, solange wir sie nicht ergreifen und realisieren. Wer niemals die Möglichkeit ergreift, zu stehlen, wird niemals ein Dieb. Wer niemals die Möglichkeit ergreift, freundlich zu den Menschen zu sein, wird niemals ein Menschenfreund.

2. Dass die Möglichkeiten, die wir ergreifen und realisieren, zu Verwirklichungen werden, die nicht mehr aus der Vergangenheit herauszuschneiden sind. Wer einen Menschen bestohlen hat, ist ein Dieb geworden, zumindest ein Mal. Wer zu einem Menschen freundlich war, ist ein Menschenfreund geworden, zumindest ein Mal.

3. Dass diese Verwirklichungen in unserer Lebensvergangenheit unsere eigentliche Lebensernte sind, so oder so. Wir bestimmen ununterbrochen, was letztendlich die Geschichte über uns sein wird. Die einzige wahre Geschichte über uns … Von niemandem gekannt – oder doch von Jemandem gekannt?

November

Von der Trauer und der Kunst des Loslassens

VERSÄUMNIS

Man hat mir früh den Weg gewiesen
hin zu den Dingen dieser Welt,
die sich erstreben und besitzen ließen,
hat mir gezeigt, wie man sie fest
umklammert hält.

Wie man sie loslässt,
heiter, leicht,
ganz ohne Schmerz am Schluss erreicht
des Lebens wahre Harmonie –
das lehrte man mich leider nie.

Elli Michler

Mit *Lili* und *David* ist die Thematik des Alters im letzten Kapitel bereits gestreift worden. Das Altwerden bringt Behinderungen mit sich, aber es hat, ein Minimum an mentaler Frische vorausgesetzt, auch seine Glanzseite. Befreit von der Hektik des Arbeitsprozesses oder des Kinder-Großziehens kann man, wenn man will, jeden Tag in Gelassenheit und Lebensfreude auskosten. Allerdings muss man ihn zu füllen wissen – mit sinnvollen Miniprojekten, mit musischen Erlebnissen, mit sozialen Kontakten. In stillen Stunden kann man auch Rückschau halten auf das gelebte Leben und mit Staunen feststellen, was einem alles gelungen ist, vielleicht sogar trotz widriger Umstände gelungen ist. Und was einem alles geschenkt worden ist, wenn man nur genau hinschaut! Da kann man schon ein wenig stolz (siehe „Lebensernte“!) und demütig zugleich werden. Und dann: Wie viel Leid und Kummer man tapfer getragen hat. Respekt! Das Herz darf sich weiten in tiefer Dankbarkeit.

Natürlich steht einem auch noch ein Rest an Zukunft offen. Das ist spannend, denn es gilt, sich zur Höhe seines Menschseins emporzuschwingen. Vielleicht gibt es eine alte Unart, die man loswerden möchte (siehe *Franz*)? Eine längst fällige Vergebung, die man zustande bringen könnte? Ein verkrampftes Haben-Wollen, das sich endlich lockert? Ein letzter Liebesdienst, der auf einen wartet? Ein Konzert endet oft mit einem fulminanten Schlussakkord, der in den Besuchern nachhallt, wenn der Saal sich leert. Und so soll denn auch unser einzigartiges und einmaliges Leben sich in seiner Vollendung verdichten zu einem harmonischen Nachklang in der Welt.

Michelangelo Buonarroti hat mit 80 Jahren die Kuppel des Petersdoms erbaut. *Tiziano Vecellio* hat mit 99 Jahren am Gemälde „Dornenkrönung“ gearbeitet. *Theodor Fontane* hat mit 77 Jahren seinen Roman „Effi Briest“ geschrieben. *Giuseppe Verdi* hat mit fast 90 Jahren noch Opern komponiert. *Thomas Alva Edison* hat im hohen Alter Erfindungen gemacht. Man kann nicht alle Genies aufzählen, die ihrem Leben solch gigantische Schlussakkorde verliehen haben, doch ist ihre Messlatte sowieso zu hoch für uns „Durchschnittsvolk“. Trotzdem ist es gut, im Bewusstsein zu haben, dass selbst dem alternden Gehirn einiges an wunderbaren Ideen entspringen kann.

Außerdem gibt es nicht nur den kulturellen Bewertungsmaßstab. Wir haben im September-Kapitel gesagt, dass bis zum November das Buchstabieren des Wörtchens „adieu“ gelernt sein sollte. Auch *das* ist eine überragende Leistung: *Loslassen-Können in Frieden*, und zwar praktisch alles. Alles, was das Herz jemals begehrte. Spätestens im Alter, in dem einem die Liebsten hinwegsterben, in dem einem die eigenen Körperfunktionen Streiche spielen, in dem einem der rasche Sturm der Zeit den Atem raubt, muss die Fähigkeit entwickelt sein, loszulassen ohne Wenn und Aber. Eigentlich sollte sie schon viel früher entwickelt werden, denn das Leben verstreut nicht nur Geschenke – generös, es nimmt sie auch – gnadenlos. Wer die von ihm zurückgeforderten Geschenke in Würde hergeben kann, erbringt eine Leistung, die der eines *Michelangelo* oder *Tizian* in nichts nachsteht. Hergeben kann unter Umständen schwerer sein als Kunstwerke zu erzeugen oder Erfindungen zu tätigen.

Sven ist ein Bauarbeiter, der fest zupacken kann. Das muss er auch, denn seine Arbeit ist schwer genug. Dummerweise macht er sich das Leben noch schwerer, als es sein müsste. Er haust in einem ehemaligen Bauerngehöft, das abgelegen auf einer Hügelkuppe liegt. Er hat es vor Jahren billig erworben, weil es renovierungsbedürftig ist, und er sich imstande fühlte, es wohnlich zu machen. Dafür hat er eine Menge Materialien und Utensilien in den kargen Räumen gestapelt. Die gesamte Einrichtung besteht aus Behelfsartikeln. Er schläft zwischen Zementsäcken und Stahlgittern, heizt mit einem uralten Ofen, der ständig raucht, stopft Löcher im Dach zu und plagt sich täglich mit Provisorien ab, die den Verfall des Gebäudes aufhalten sollen. Er kommt einfach nicht dazu, die Grundrenovierung seiner Behausung in Angriff zu nehmen, weil er lange Fahrwege zu den wechselnden Arbeitsplätzen in Kauf nehmen muss, Wege, die im Winter eis- und schneebedeckt sind. Oft muss er in frostiger, finsterer Frühe mit klamm-steifen Händen Schneeketten montieren, ehe er aufbrechen kann. Im Sommer wiederum, wenn die Witterung günstig wäre, hat er Sonderschichten am Bau einzuschieben, weil das Baugeschäft dann floriert. Allmählich muss er zugeben, dass er einer Illusion erlegen ist, und auch seine Kumpel drängen ihn, die Bruchbude endlich aufzugeben und stattdessen ein kleines bequemes Apartment in der Stadt zu mieten. *Sven* aber will sich nicht trennen, nicht von seinen gelagerten Materialien, nicht von den mühsam ausgebesserten Mauern, nicht von seinem Traum eines niedlichen Berghäuschens. So rackert er sich weiterhin unter unwirtlichen Bedingungen ab, wird älter und müder.

Hat es einen Sinn, auf sein Rentenalter zu setzen? Die Vernunft spricht dagegen. Sein von kontinuierlich schwerer Arbeit ausgezehrter Organismus wird angesichts der immensen Herausforderung, das baufällige Gehöft zu erneuern, irgendwann einmal streiken. Er kann das allein nicht schaffen, und er hat nicht die Ressourcen, andere Fachkräfte beizuziehen. Wenn er weiterhin seiner Illusion nachjagt, wird er ziemlich elend in seiner Bruchbude verkommen. Beharrlichkeit ist zwar eine Tugend, aber zur Sturheit geballt schlägt sie gegen unbezwingbare Wände.

Fanny ist eine trauernde Mutter. Sie hat ihre 8-jährige Tochter durch eine Krebserkrankung verloren und ist untröstlich. Wie kann schon ein 8-jähriges Kind an Krebs sterben? Sie versteht das nicht, wird das nie verstehen. Da gibt es auch nichts zu verstehen. Nur zu betrauern …

Jeder Mensch trauert auf seine Weise, und er hat auch das Recht dazu. Ob einer weint oder tränenlos erstarrt, ob einer am Grab kniet oder zu Hause betet, ob einer seinen Schmerz laut hinausbrüllt oder in sich selbst versenkt – alles ist legitim. Insbesondere ein Kind zu verlieren ist eine so unfassbare Tragödie, dass keine Ausdrucksform widerspiegeln kann, was die Seele leidet. *Fanny* wird nie mehr die Frau sein, die sie vor dem Tod ihrer Tochter war. Das Wörtchen „adieu" ist mit voller Wucht in ihr Leben eingebrochen.

Fanny trauert, indem sie das Kinderzimmer ihrer Tochter und sämtliche Kleidung, Schul- und Spielsachen ihrer Tochter konserviert, als wären es Heiligtümer. Die ehemaligen Besitztümer der Kleinen haben ihren eigenen Ort, wo sie sauber und in Ehren gehalten werden, wodurch die Wohnung fast einem Museum ähnelt. *Fannys* Mann und etwaige Gäste dürfen diese Andenken nicht berühren, weil Fanny sonst in Schreikrämpfe ausbricht. Stundenlang sitzt sie im Dämmerlicht vor einem Zeichenblock oder einem Turnschuh ihrer Tochter und will von niemandem gestört werden. Ihr Mann hat es längst aufgegeben, sie zu mehr Aktivität zu überreden, und die Gäste bleiben immer häufiger aus. Ein zugezogener Traumatherapeut ist unverrichteter Dinge wieder abgezogen.

Fanny ist dabei, aus ihrer natürlichen Trauer in eine *reaktive Depression* hinüberzuschlittern. Der Übergang ist fließend, doch fließt er in eine gefährliche Richtung. Wir haben ähnlich pathologische Tendenzen bereits bei *Susanne* (der Harfenistin, die nicht mehr musizieren kann) und *Nina* (der Mutter eines im Wachkoma liegenden Sohnes) kennengelernt. Aber die Trauer ist nicht dazu da, ein Unglück durch ein weiteres Unglück zu potenzieren. *Die Trauer ist dazu da, einer großen Liebe einen unvergesslichen Platz im Herzen zu reservieren*. Insofern ist die Trauer viel mehr als bloß ein unangenehmes Gefühl! Sie ist das Bewusstsein, dass etwas Wunderbares einem zugeteilt gewesen ist, dass man reich beschenkt, dass man geradezu gesegnet gewesen ist mit einem unermesslichen Wert – *geliehenen* Wert, dessen Rückgabe eben unermesslich weh tut. Die Trauer ist der Preis für das Hohelied der Liebe. Deshalb sind nicht die Trauernden arm, o nein! Sie haben das Hohelied der Liebe gesungen! Buchstäblich bis zum letzten Ton gesungen! Arm sind in Wahrheit diejenigen, die nie trauern müssen, weil sie nie geliebt haben. Die nie so „hoch" geliebt haben, dass sie beim Liedausklang „tief" ins Entsetzen stürzen könnten.

Fanny möchte via Andenken ihre verlorene Tochter festhalten. Das ist der falsche Weg. Die Einsichten aus der „Oktoberernte" haben uns gelehrt, dass sowieso alles Verwirklichte ins unendliche Sein gelangt, aus dem es nicht mehr verschwindet. Dass in der Vergangenheit alles unverlierbar geborgen ist (*Frankl*). Die acht Jahre, die *Fanny* mit ihrer Tochter verbracht hat, sind purer Reichtum, sind nichts anderes als Grund zur Freude und Grund zur Dankbarkeit. Es wäre eine ausgesprochene Schieflage, würde sich depressionsbedingt der Eindruck einnisten, *Fanny* hätte besser gar keine Tochter gehabt, weil sie dann jetzt nicht so fürchterlich weinen müsste. Nein, *das* ist es, was es (statt Zeichenblock oder Turnschuh) festzuhalten gilt: *dass es wunderbar war, die Tochter zu haben* – acht kostbare Jahre lang! Es war wunderbar, tausendmal wert, dass jetzt getrauert wird …

Man kann das Leid von *Sven* mit *Fannys* Leid nicht vergleichen, und zwar nicht nur deshalb nicht, weil es einmal um ein Haus und einmal um ein

Kind geht. *Sven* hat sein Haus im erträumten Zustand nie gehabt, während *Fanny* ihre Tochter (bei sich) gehabt hat. In beiden Fällen ist Loslassen immens schwer. Wir „Haben-Menschen" klammern an Nie-Gehabtem genauso wie an Gehabtem, stets von der irrigen Überzeugung besessen, dass unser Leben mehr Sinn hätte, wenn wir es hätten. Dem ist nicht so. Leben hat einen *unabdingbaren* Sinn, und das Haben spielt dabei eine äußerst geringfügige Rolle. Wie könnte man den beiden Personen das notwendige Loslassen erleichtern?

Für *Sven* wäre es wohl richtig, sein provisorisches Dasein zu kappen. Das kann er nur, wenn er eine akzeptable Lösung für sein Gehöft samt dem Sammelsurium darin findet. Außer dem Grundstück wird er kaum etwas davon zu Geld machen können, aber stiften könnte er durchaus, was er an Baumaterialien eingelagert hat. Wem stiften? Wie wäre es mit einer medial angelegten Aktion zugunsten junger „Häuschenbauer" mit dem Angebot, dass sie sich abholen dürfen, was für sie verwendbar ist? Als erfahrener Bauarbeiter könnte er ihnen sogar Tipps und Anleitungen dazuliefern. Gleichzeitig könnte er sich nach Kaufinteressenten für seine Liegenschaft umsehen. Auch wenn kein Profit herausspringen mag, wird eine Kleinigkeit für ihn übrigbleiben, die ihm den Rückzug in eine genügsame Behausung ermöglicht.

Der springende Punkt bei einer solchen Unternehmung ist Folgendes: *Sven* müsste sie durchziehen, solange er bei Kräften ist. Es erfordert Überwindung und einen langen Atem, Kontakte zu knüpfen, mit Leuten zu verhandeln, Kisten zu packen, Schreibereien und Telefonate zu erledigen, Makler und Juristen aufzusuchen, Wohnungen zu besichtigen und immer wieder zu räumen, aufzuräumen, umzuräumen, auszuräumen …

In unseren Wohlstandsländern gibt es zahllose Menschen, die den Zeitpunkt versäumen, zu dem sie noch bei solchen Kräften sind. Als Ergebnis dieses Versäumnisses leben sie in Unterkünften, die viel zu groß für sie sind, zu viele Zimmer mit zu vielen Sachen haben, die sie aber nicht mehr verlassen können, weil sie

1. nicht wissen, wohin mit dem Zeug, das sich in ihren Schränken, Kellern, Dachböden etc. angesammelt hat, und

2. nicht mehr die Energie in sich verspüren, eine radikale Weggebe- und Wegwerfaktion in Gang zu setzen und sich ein ihrer Gegenwart angemessenes Domizil zu verschaffen.

Es ist eine seltsame Zuspitzung der Perversionen, dass hierzulande das sogenannte „Vermüllungssyndrom“ um sich greift, das heißt, dass Personen in irrationaler Weise an allem festkrallen, was ihnen jemals untergekommen ist, seien es

Bücher, Zeitschriften, Kataloge, seien es Teller, Gläser, Ziergegenstände, seien es Elektronikgeräte, Werkzeuge, CDs, seien es Kleider, Anzüge, Sportartikel usw. Ihre Kästen und Regale sind vollgestopft, und wegen dem ganzen Kram können sie sich nicht mehr bewegen: nicht mehr in reduzierte Lebensräume hinein, und manchmal nicht einmal mehr in ihren vollgestopften Zimmern. Sie degenerieren zu Sklaven ihres Besitztums.

Wollte *Sven* einem solchen Unglück entgehen, hieße es, *sofort* die Notbremse zu ziehen. Wovor hat er Angst? Dass er etwas weggibt, was er später doch brauchen könnte? Sei's drum! Es ist das kleinere Übel, hie und da etwas zu entbehren, als ununterbrochen im Überflüssigen zu ersticken. Freilich war es für ihn eine reizvolle Idee, irgendwann in der Zukunft selbst Hand anzulegen und sich sein Häuschen nett herzurichten, aber je mehr das „irgendwann" in unerreichbare Ferne entrückt, desto korrekturbedürftiger (und reizloser) wird diese Idee. Deshalb würde zur Notbremsung noch ein Weiteres gehören: eine adaptierte Idee für seine Zukunft. Eine Idee nämlich, wie er *nach* dem Loslassen und *nach* dem Umzug in bescheidenere Verhältnisse seine Ruhe- und Freizeitphasen gestalten wird. Fällt ihm dazu etwas Kluges ein – ist er gerettet … vor einer seelischen Baisse …

Auch hinter *Fannys* Stirn sitzt eine korrekturbedürftige Idee, die besagt, dass es ohne ihr Töchterchen keinen Grund mehr gibt, leben zu wollen, geschweige denn, *gerne* leben zu wollen. Wenn sie aber ihr Kind wirklich liebt, unverändert liebt, woran sicher kein Zweifel besteht, dann degradiert sie es nicht zu einem „Zerstörfaktor". Dann macht sie es nicht rückwirkend zum Anlass und Auslöser einer elterlichen Katastrophe. Dann hievt sie ihm nicht die Last auf die Schultern, als 8-Jährige mit ihrer Existenz und ihrem Hinscheiden eine Familie zertrümmert zu haben – freilich nicht willentlich, und doch, und doch ... Das darf nicht sein! Ist *Fannys* Tochter bei ihrem Erscheinen willkommen gewesen? Ja? Daran soll nicht gerüttelt werden. Sie soll unvermindert das willkommene Familienmitglied bleiben, das Mitglied, das der Familie frohe Stunden beschert hat, jahrelang, wovon die Familie immer noch zehren kann. Die *Tochter*, die *tote Tochter* verdient es, dass *Fanny* sich wieder aufrichtet, dass sie sich bewusst zum Weiterleben aufrafft, gerade aus den frohen Stunden schöpfend, die sie ihrem Töchterchen zu verdanken hat. Einer Erinnerung an Gutes soll kein Schlechtes entspringen.

Fanny geht es in dieser Hinsicht besser als *Iris*, die ihre beiden abgetriebenen Kinder nicht betrauert hat. Der ein Bezug zu diesen Kindern fehlt. Die sich nie bei ihren (toten) Kindern entschuldigt hat. Und die das „Zerstörfaktor-gewesen-Sein" nie völlig von ihren Schultern wird abstreifen können ... *Fanny* hingegen war Mutter mit Leib und Seele, und dazu bedarf es keiner materiellen Zeugen der Vergangenheit. Eine „Gedenkecke" in ihrer Wohnung würde vollauf genügen. Ist sie doch nur Sinnbild eines immateriellen unzerreißbaren Liebesbandes.

Vielleicht ist die Liebe überhaupt die einzige Kraft, die ein schmerzliches Loslassen gestattet. Würde *Sven* seine gehorteten „Schätze" liebevoll verteilen, könnte er sie wahrscheinlich ohne Drama verabschieden. Würde *Fanny* sich aus Liebe zu ihrer Tochter wieder dem „Rest der Welt" widmen, könnte sie ihre Tochter freigeben an den „Ort", an dem sie jetzt heil und unbeschädigt in der ewigen Wahrheit ruht. Geistiges überdauert – und was nicht überdauert, ist Wichtiges nicht.

* * *

Tim ist ein hochintelligenter Mann mit einem scharfen Verstand. Er durchschaut Zusammenhänge in großer Geschwindigkeit und hält mit seiner Meinungsbildung auch nicht hinterm Berg. Knallhart sagt er seinen Kollegen, welche „Blödmänner" sie sind, welcher Lapsus ihnen soeben unterlaufen ist, in welche Fehlkalkulationen sie sich verrannt haben. Das Prekäre dabei ist, dass er inhaltlich meistens recht hat, was die Leute in seinem Umfeld besonders provoziert. Sie fühlen sich vor ihm wie bloßgestellte Anfänger und reagieren entsprechend abweisend oder demotiviert, was *Tim* zu erneuter Kritik herausfordert. Falls sie ihm trotzig widersprechen, macht *Tim* sie mit gewieften Winkelzügen seiner Argumentation und mit rechthaberischer Aufgeblähtheit „zur Schnecke". Im Endeffekt ist er ein Alleinkämpfer. Er kämpft um die Anerkennung der Logik und gegen unseriöse Denkabläufe, wobei er seine kognitiven Potenziale geschickt als Waffe gebraucht.

Nun hat es sich ereignet, dass ein Geschäftsmann ihn durch eine Falschaussage um eine ihm zustehende Provision betrogen hat. Es kam zu einer gerichtlichen Auseinandersetzung, bei der *Tim* aus Mangel an Beweisen den Kürzeren zog, weil die Falschaussage des Geschäftsmannes durch zwei von dessen Angestellten bestätigt wurde. *Tim* war am Toben. So viel Unverfrorenheit, so viel Verlogenheit konnte er nicht fassen. Er entließ seinen Anwalt und nahm sich einen anderen, er beauftragte einen Detektiv, die Geschäftsunterlagen seines Gegners auszuforschen, er wandte sich an die Presse, um das erfahrene Unrecht publik zu machen, und er stritt in der nächsthöheren gerichtlichen Instanz verbissen weiter. Sein zweiter Anwalt erreichte nicht mehr als sein erster. Der Detektiv kostete fast so viel Geld wie die Summe, um die es ging, und lieferte nichts Verwertbares. *Tims* Anschwärzungen seines Gegners in der Presse brachten ihm eine Verleumdungsklage ein. Zuletzt verlor er seinen Prozess auch in zweiter Instanz.

Es war, als ob dies *Tims* Rückgrat bräche. Sein Glaube an eine unabhängige Justiz und an einforderbare Menschenrechte war dahin. Da er schon früher keine Freunde gewonnen hatte und niemand mit ihm über sein Unglück diskutieren wollte, weil jeder vor seinen Zornausbrüchen zurückschreckte, fühlte er sich verraten und ausgestoßen. Längst ging es *Tim* nicht mehr um eine Geldsumme. Er wollte Rache und schürte seine Gehässigkeit. Als er seinem Gegner auflauerte, um ihn wutentbrannt zur Rede zu stellen, wurde er kurzfristig in polizeilichen Gewahrsam genommen. Danach brach er vollends zusammen.

Im Vergleich zu *Tim* hat *Ruth* einen konträren Charakter. Sie ist schüchtern und weiß sich nicht zu verteidigen. Schon als Kind ist sie in der Schule von ihren Mitschülerinnen gehänselt worden. Man konnte sie beliebig gängeln und „zum Spaß" quälen, ohne dass sie sich wehrte. Auch später in der Ausbildung war sie das ideale Mobbingopfer. Allerdings kompensierte sie ihre Schwäche zunehmend durch Fleiß und pedantische Sorgfalt, womit sie ihre Vorgesetzten zufriedenstellen konnte. So gewöhnte sie sich daran, langsam und perfektionistisch genau zu arbeiten, um nirgends anzuecken.

Nach ihrer Heirat atmete sie auf, „Nur-Hausfrau“ sein zu dürfen. Jetzt konzentriert sie sich darauf, die Wohnung pingelig sauber und staubfrei zu halten. Ständig ist sie darauf bedacht, dass Bettbezüge und Polstermöbel hygienisch rein sind, die Böden fleckenlos glänzen, die Vorhänge frisch gewaschen sind, die Töpfe und Pfannen in der Küche makellos in Reih und Glied stehen. Das geht ihrem Mann allmählich auf die Nerven. Er will nicht beim Essen ständig darauf bedacht sein, keine Brösel unter den Tisch zu verstreuen, oder beim Duschen darauf achten müssen, dass keine Schaumspritzer die Badematten bedecken. Er schilt seine Frau aus und nennt ihr Gehabe lächerlich, was in *Ruth* alte Verletzungen wieder aufreißt. Sie versucht verkrampft, ihm alles recht zu machen und beobachtet sich selbst unaufhörlich, ob sie irgendwelche Fehler begeht, die ihn erzürnen könnten. *Ruth* fühlt sich vom Schicksal verdammt, eine komplette Niete zu sein.

Weder *Tim* noch *Ruth* sind in beneidenswerten Lagen. Beide haben sich mit ihren Veranlagungen in unangenehme Situationen hineinmanövriert. Aber die Veranlagung ist nur ein *Teil* des Menschen, ein Teil, der allemal überformt werden kann. Ein Teil, der immer auch seine positiven Aspekte hat. *Tims* Intelligenz und *Ruths* Genauigkeit sind hervorragende Talente – im richtigen Ausmaß und am richtigen Platz angewandt. Sie können jedoch auch zur „schlechten Aktivität" gesteigert werden. *Viktor E. Frankl* zählt dazu

1. das forcierte Erzwingen-Wollen von etwas,
2. das forcierte Ankämpfen gegen etwas,
3. die forcierte Selbstbeobachtung.

In seinen psychologischen Untersuchungen hat er nachgewiesen, dass diese drei Strebungen just unerwünschte Ergebnisse zeitigen. Was man erzwingen will, sträubt sich vehement; das, wogegen man ankämpft, kämpft zurück, und alle Nabelschau verhindert den offenen Blick ins Weite.

Dementsprechend wäre *Tim* gut beraten, seine Lebensstrategien zu ändern und seine Intelligenz zu reorganisieren. Ein geschickter Berater würde ihm versichern, dass es gerade maximaler Intelligenz bedarf, um aus Niederlagen Kapital zu schlagen. Damit haben ganze Völker bis heute ihre Schwierigkeiten: aus Katastrophen zu lernen. Tim aber könnte mit seinem scharfen synoptischen Verstand kristallklar erkennen, was sich bei ihm nicht wiederholen darf, wenn er aus seinem Zusammenbruch als ein „gewendeter *Tim*" hervorgehen will.

Auf dem „Wendeprogramm“ stünde das große Loslassen jeglicher Forcierung, jeglichen Ankämpfens gegen Dummheit, jeglichen Erzwingen-Wollens von Gerechtigkeit. Es muss nicht alles ungefiltert gesagt werden, wenn es andere Menschen verletzt, auch dann nicht, wenn es stimmt. (Selbst Journalisten, naturgemäß radikale Befürworter der Meinungsfreiheit, müssen nicht erst seit den „Pariser Anschlägen“ einsehen, dass zur Pressefreiheit die Presseverantwortung dazugehört.) Und es kann nicht jedes Recht erzwungen werden, auch dann nicht, wenn es einem zusteht. Das ist nicht Schwäche, sondern Souveränität: *nachzugeben, wenn Härte einzig zur Demontage des Menschlichen führt*. Unzählige Erbschaftskriege zwischen Angehörigen Verstorbener haben Familien für Generationen zersplittert. Unzählige Nachbarschaftsquerelen haben außer Kontrolle geratende Eskalationen heraufbeschworen. Stets gilt es die Balance zu finden zwischen einem sinnvollen Sich-Wehren und Sich-Schützen einerseits und andererseits der Bereitschaft, auch manche Wunden einzustecken, damit sich Unrecht und Gewalt nicht unaufhaltsam in der Welt ausdehnen und vermehren. Analog gilt es, zu balancieren zwischen dem ehrlichen Aussprechen von Sachverhalten und einem Schweigen, wo es aus humanitärer Rücksichtnahme geboten ist. *Tim* ist gescheit genug, das zu verstehen. Ist er willig genug, es fortan zu praktizieren?

Es wäre ihm sehr zu wünschen, denn seine Mitmenschen würden es ihm honorieren. Er stünde bald nicht mehr allein auf weiter Flur da …; denn allein mit der Logik und mit dem inneren Triumph, im Recht zu sein, ist man – furchtbar einsam.

Bei *Ruth* stünde ebenfalls ein Loslassen auf dem Programm ihrer Genesung. Zur forcierten Selbstbeobachtung, der Nr. 3 der „schlechten Aktivitäten" nach *Frankl*, hat sich bei ihr zusätzlich ein forciertes Vermeiden-Wollen eingeschliffen, welches *Frankl* als „schlechte Passivität" bezeichnet hat. *Ruth* will unbedingt vermeiden, etwas falsch zu machen, was das Falscheste ist, das man tun kann. Sie beobachtet sich ständig auf Korrektheit hin, was inkorrekt ist. Ihre Aufmerksamkeit dreht sich in kreisenden Schleifen um ihr eigenes bisschen Ich, das sich wieder einmal vor irgendwem lächerlich machen und dafür abgestraft werden könnte …

Ruth hat als Kind und Jugendliche unter der Grausamkeit anderer Kinder gelitten, und es ist verständlich, dass ihr dies nachhängt. Ein solches „Verständnis" hilft ihr jedoch nicht weiter. *Nachhängendes gehört abgeworfen!* Wo sich *Tim* zu viel wehrt, wehrt sie sich zu wenig. Vor allem müsste sie sich ihrer eigenen Ängste, Unsicherheiten, Perfektionismen, ihrer das Ego umzingelnden Selbstbeobachtung erwehren, die sie wie ein Strudel in seelische Abgründe hinabzieht. Zum Teufel mit einem perfekten Haushalt! Weg mit dem vermeintlichen „Nieten-Dasein"! Was interessiert *Ruth* wirklich? Wenn man zwanghafte Überaktivitäten ablegt, gewinnt man Zeit. Wenn man aus einer lähmenden Passivität auftaucht, gewinnt man Energie. Mit Zeit und Energie plus ihrem bewährten Fleiß und ihrer Genauigkeit könnte *Ruth* „Berge versetzen". Ein komplettes Fernstudium wäre damit absolvierbar. Oder das Erlernen eines Musikinstrumentes. Oder das Mitmachen in einer Laienschauspieltruppe. Oder das Verfassen eines Spezialkochbuches. Oder das Durchziehen einer psychotherapeutischen Grundausbildung mit dem Ziel, Mobbing-Manieren an Schulen zu reduzieren. Oder, oder, oder …

In Kenntnis vieler ähnlicher Lebensläufe dürfen wir *Ruth* prognostizieren: An dem Tag, an dem sie sich vollends vergessen wird, weil sie mit etwas Bedeutungsvollem beschäftigt ist, das ihr um seiner selbst willen wichtig ist, an dem Tag wird sich das „Nachhängende" von ihr abzuschälen beginnen. Die „Hyperreflexion" (*Frankl*), wie es in der Fachsprache heißt, nämlich die Überbesorgtheit, ob sie wohl tadellos genug handelt, ob sie sich etwa ein Ausgelacht-Werden einhandelt, und derlei Unfug wird sie dann nicht mehr behelligen. *Ruth* wird ihrem verkorksten Kind-Ich endlich entwachsen.

* * *

Ist der November ein deprimierender Monat? Die Natur schickt sich an zum großen Loslassen. Die bunten Spektren verbleichen. Die Tiere verkriechen sich. Abgeerntete Stoppel ragen aus den Feldern. Dennoch ist es nicht so, wie uns das Gemüt suggeriert. Das Loslassen ist die Vorhersage künftiger Fülle. An den Ästen warten dort, wo die verblichenen Blätter hinwegtaumeln, schon kaum sichtbare Ansätze von Knospen. Tiere und Felder ruhen aus für ein verjüngtes Erwachen. Ohne Loslassen ginge der Tod über das Land. Deswegen ist Loslassen kein Synonym für Trauer, sondern eher für vorhergesagte Lebendigkeit.

Rekapitulieren wir die angedeuteten Variationen notwendigen Loslassens in Kurzfassung:

1. Manche Lebenssituation verlangt von uns, Habe aufzuheben. Manche Lebenssituation verlangt von uns, Habe herzugeben. Das Aufheben von Habe ist die leichtere Übung, aber die krisenträchtigere Verleitung, denn überflüssiger Besitz kann zum Moloch werden, der seine Besitzer „frisst".

2. Beim Verlust eines lieben Menschen gibt es keinen Trost. Alle Beileidsbekundungen klingen hohl und schal. Doch trägt die Trauer selbst den Trost in sich, dass sie der Preis für die Liebe ist. Man braucht verlorenes Geliebtes nicht festzuhalten. Das tut das Band der Liebe ganz von allein.

3. Recht zu haben, ist ein seltener Fund. Wir täuschen uns wesentlich öfter in unserer Meinungsbildung, als wir der Objektivität auf die Spur kommen. Deshalb sind beim Umgang mit unseren Mitmenschen statt militanter Rechthaberei Vorsicht, Toleranz und Nachsicht geboten.

4. Eine gewisse gesunde Selbsterkenntnis ist weise, allerdings nur, wenn sie abgelöst wird von einer Selbstvergessenheit, die uns freisetzt zur uneingeschränkten Hingabe an eine sinnvolle Aufgabe. Es zählt zur höchsten Kunst gelingenden Lebens, sich selbst loslassen zu können.

Dezember

Vom Ende und der nie endenden Hoffnung

ZEITLICHES UND EWIGES

Alles wandelt die Zeit.
Was am Gewesenen
wesentlich war,
entfernt sich nicht weit,
weil der Wind
nur das Leichte
und Flüchtige treibt.
Das Gewichtige widersteht ihm
und bleibt.

Elli Michler

Im Dezember denkt man: „O, bald ist das Jahr um. Die Zeit vergeht wie im Flug!"

Auch für *Jenny* und *Ingo*, die uns bereits vorgestellt worden sind, ist sie wie im Flug vergangen. *Jenny* ist inzwischen zu einer jungen Frau herangereift. Sie hat eine Menge Verehrer und eine Menge brisanter Vorhaben; ihr Terminplan ist randvoll. Trotzdem gönnt sie sich immer noch hie und da eine Urlaubswoche mit ihrem Vater im Wald.

Diesmal ist es ein Winterurlaub. Nach einem ausgiebigen Spaziergang wärmen sich die beiden in ihrer Blockhütte auf, ziehen ihre nassen Schuhe aus, streichen sich Brötchen zum heißen Tee und – philosophieren. *Jenny* ist in nachdenklicher Stimmung. Sie deutet zum Fenster, durch das ein paar zaghafte Sonnenstrahlen bunte Kringel auf das Fensterbrett zeichnen. „Die Sonne ist die Spenderin allen Lebens", sagt sie, „aber in ca. sechs Milliarden Jahren wird sie die Erde längst vernichtet haben." *Ingo* lächelt seinem gescheiten Mädchen zu. „Das wird uns dann nicht mehr aufregen", meint er scherzhaft, doch *Jenny* will das Thema ernsthaft weiterspinnen: „Die Menschen werden vermutlich längst auf anderen Planeten wohnen, aber es ist immerhin der Untergang unseres Heimatplaneten." „Ja", nickt *Ingo*, „die Sonne wird zu einem ‚roten Riesen' verglühen, der alles rings um sich herum verschmilzt. Es ist auch der beginnende Untergang unserer Heimat."

Eine Weile hängen beide ihren Gedanken nach. „Eigentlich hat alles ein Ende", unterbricht *Jenny* die Stille. „Von der Eintagsfliege bis zum Universum hat alles Anfang und Ende … – das ist kaum vorstellbar." *Ingo* stimmt ihr zu. „Auch die Wissenschaftler konnten lange nicht glauben, dass der Kosmos begrenzt ist …" „Ich weiß, wäre er nicht begrenzt, würde es nachts nicht dunkel werden: Unendlich viele Sterne würden ihn erhellen." *Ingo* ist stolz auf seine kluge Tochter, aber schließlich hat er sie (dank seiner Arbeit in der Sternwarte) in so manche astronomische Wunder eingeweiht. „Nicht nur die Begrenztheit, auch der Beginn des Kosmos ist für mich unverständlich", gesteht *Jenny*. „Wenn mit dem Urknall Raum und Zeit erst entstanden sind, die sich seither ausdehnen, was war dann *vor* dem Urknall?"

Ingo sucht nach einer plausiblen Antwort, aber es gelingt ihm schwer, eine zu finden. „Schau", erklärt er, „das Wort ‚vor', das du gebraucht hast, gibt es nur innerhalb der Zeit. Wo Zeit ist, wo ein Zeitkontinuum ist, dort existiert ein ‚vorher' oder ‚nachher', ein ‚früher' oder ‚später'. Wo aber keine Zeit ist, dort existiert auch kein ‚vor'. Es gibt daher kein ‚vor dem Urknall'". Dann fällt ihm etwas ein. „Bei dem Seelenarzt *Viktor E. Frankl* habe ich gelesen, dass auch jede menschliche Person erst mit der Zeugung ihres Organismus in Raum und Zeit eintritt und mit dem Tod ihres Organismus wieder aus Raum und Zeit austritt. Deswegen mahnte *Frankl*, auf die Fragen, *wo* wir als Person *vor* unserer Zeugung waren oder *wo* wir als Person *nach* unserm Tod sein werden, zu verzichten. Das sind unzulässige Fragen, weil alles ‚wo' Raum und alles ‚vor' bzw. ‚nach' Zeit voraussetzt." *Jenny* schmunzelt. „Wo ich vor meiner Zeugung war, habe ich mir wirklich nie überlegt!" „Siehst du", antwortet *Ingo*, genauso wenig ist zu fragen, wo das Universum vor dem Urknall war!"

Ingo hat Reisig auf den Ofen gelegt, wodurch die ganze Hütte nach Harz und Tannennadeln duftet. Er ist über diese Stunden des Beisammenseins mit seiner erwachsenen Tochter unaussprechlich glücklich. Aber er spürt auch ihre Aufgewühltheit angesichts des vorangegangenen Gesprächs und möchte ihr etwas Tröstliches mit auf den Weg geben. „Ich sage dir jetzt, was meine persönliche Überzeugung ist", hebt er vorsichtig an und gießt ihr noch etwas Tee nach. „Beim Urknall sind nicht nur Raum, Zeit, Energie- bzw. Masseteilchen und physikalische Gesetze entstanden. Es ist gleichzeitig damit *die Hoffnung* in die Welt gekommen. Die Hoffnung nämlich, dass das, was da entstanden ist und ununterbrochen weiter am Entstehen ist, einen Sinn hat. Einen für uns Menschen unfasslichen Sinn, einen umfassenden Sinn. Wenn es den nicht hätte, gäbe es im Prinzip nur Werden und Vergehen, ob es sich um Himmelskörper im All, um Lebewesen auf Planeten oder um einzelne Atome handelt. Es gäbe nur Anfänge, die enden - mit zeitlichen Zwischenetappen an räumlichen Orten. In diesem Fall wäre alles egal. Ob es dich und mich gibt, wäre egal. Ob ich draußen vor der Hütte eine Amsel einfange und erschlage, wäre egal. Ob ich diese Hütte anzünde, wäre egal. Ohne Sinn sind Gut und Böse Ammenmärchen. Ohne Logos kein Ethos."

„Wie kannst du daran denken, eine Amsel zu töten oder unsere Hütte niederzubrennen?", ruft *Jenny* aufgebracht aus. Ihr Vater streichelt ihre Hand. „Nun, wir zwei sind komplexe molekulare Gebilde, die sich einmal zersetzen werden. Die Amsel ist desgleichen, und um den Verfall der Hütte werden sich Wind und Wetter kümmern. Was also ist es, das dich protestieren lässt?" *Jenny* sieht ihn mit großen Augen an. „Töten, Niederbrennen wäre ein *widersinniges Handeln,* nicht wahr? Das können wir nicht mit physikalischen Gesetzen begründen. Das gründet einzig in jener mystischen Hoffnung, die seit Anbeginn die Welt durchweht und die wir mit geistigen Antennen empfangen, so ähnlich wie wir heutzutage die kosmische Hintergrundstrahlung, die aus allen Richtungen des Himmels kommt, mit unseren technischen Geräten auffangen können. Vertrau mir, mein Kind, es gibt die Hoffnung darauf, dass alles einen tieferen Sinn hat. Dass es dementsprechend auf unserer menschlichen Ebene sinnvolles und widersinniges Handeln gibt. Dass es einen wenn auch noch so verschwindend kleinen Sinn hat, dass wir beide hier einen gemütlichen Winterurlaub verbringen, der Amsel draußen ein Stückchen Brot zuwerfen, die Hütte vor Funken schützen und einander und unsere Nächsten lieb haben. Ob du diese Hoffnung am Urknall oder am biblischen Geschehen im Stall von Bethlehem festmachst, ist irrelevant. Sie ist vorhanden, und du kannst sie mit geistigen Antennen empfangen. Und sie kann meines Erachtens nicht endlich gedacht werden, denn eine endliche Hoffnung ist so gut wie keine. Wenn es sie also gibt, schließt sie selbst das Ende der Welt noch mit ein."

Jenny fallen langsam die Augen zu und sie lehnt sich an ihren Vater. Die Sonnenstrahlen vor dem Fenster sind erloschen, die Dämmerung hüllt die zwei müden Wanderer zärtlich ein – die bangen Fragen verstummen. *Ingo* ist es offenbar gelungen, *die* Antwort zu finden, die eine, die den stets unruhigen Geist befriedet.

* * *

Für noch ein anderes uns bekanntes „Paar" ist die Zeit wie im Flug vergangen. *Boris* arbeitet jetzt schon seit Jahren im Finanzamt und hat sich inzwischen einen weniger chaotischen Arbeitsstil angewöhnt. *Silvia* ist immer noch Sekretärin in der Fahrschule und hat ihre Minderwertigkeitsgefühle halbwegs im Griff. Die beiden sind sich in ihrer Beziehung näher gekommen und treffen sich regelmäßig an Samstagnachmittagen in einem Café. Dort sitzen sie auch heute, naschen an appetitlichen Tortenstücken und wälzen hehre Gedanken.

Silvia, die eher Ängstliche, blickt mit Besorgnis in die Zukunft. Wirtschaftskrisen, Kriegsschauplätze, Terroranschläge rund um den Globus sind düstere Aussichten für ihre Generation. „In den Nachrichten wurde gesagt, dass derzeit rund 60 Millionen Menschen auf der Flucht sind, 40 Millionen davon in Afrika", seufzt sie, „wie soll das weitergehen? Es ist verständlich, dass sie zunehmend versuchen werden, in prosperierende Länder zu flüchten, wo sie sich Chancen auf ein besseres Leben ausrechnen. Wird Europa von ihnen überrollt werden? Und die vielen fremden Kulturen und Religionen, die sie mitbringen … Läutet das den Untergang des Abendlandes ein?" *Boris* hat zwar ein optimistischeres Naturell als *Silvia,* aber beim angeschnittenen Thema verlässt auch ihn der Optimismus: „Na ja, nicht alle Asylbewerber erhalten Asyl bei uns. Nur scheint mir die Sache mit dem Asyl nicht 100-prozentig einleuchtend. Für diese armen Leute ist es ganz gleichgültig, ob sie vor einem wirtschaftlichen Kollaps ihres Landes, also vor dem Verhungern flüchten, ob sie vor Krieg, Gewalt, Kanonen und Schüssen fliehen oder ob sie aus Dürreregionen, überschwemmten Ebenen, von Erdbeben oder Taifunen verwüsteten Städten auswandern …, ich meine, sie wollen doch einfach nur ihr Leben retten und das ihrer Kinder. Außerdem: Was geschieht mit denjenigen, deren Asylanträge abgelehnt werden? Wie ich gehört habe, ist die Abschiebung in ihre Heimatstaaten ziemlich problematisch. Dort werden sie oft gar nicht mehr aufgenommen. So tauchen einige bei uns unter, illegal, ohne soziale Unterstützung, ärztliche Versorgung, Wohnrecht, Arbeitsgenehmigung, schier ohne alles …"

Nachdenklich schaut *Silvia* auf die Köstlichkeiten in der Vitrine des Cafés und denkt an die zahllosen Menschen, die kein Geld haben, derlei Luxus frönen zu können: „Wie viele können sich das nie leisten!" *Boris* wiegt nachdenklich den Kopf: „Es ist viel mehr als Schokolade und Kuchen, das ihnen fehlt. Stell dir nur einmal vor, du kommst nach fürchterlichen Strapazen am Zielort an, und dann beginnt ein zermürbendes Warten. Du wachst morgens auf einem Feldbett in einem

Notquartier auf, frühstückst und verbringst den Tag mit Warten. Abends unterbrichst du das Warten, weil du dich schlafen legst, aber am nächsten Morgen wartest du weiter, und so fließen die Monate dahin. Allein schon das Warten auf einen Asylbescheid muss die Menschen doch zermürben!" „Immerhin werden Sprachkurse angeboten", wendet *Silvia* ein, versteht aber im gleichen Moment, dass die Begeisterung, eine komplizierte Sprache zu studieren, gedämpft ist, solange jemand nicht weiß, ob und wie lange er sich in diesem Sprachraum überhaupt aufhalten darf. „Es ist richtig, dass unsererseits eine enorme Hilfsbereitschaft in der Bevölkerung vorhanden ist", gibt *Boris* zu. „Die meisten Sprachlehrer und -lehrerinnen arbeiten ehrenamtlich. Zahllose anonyme Spender unterstützen die Hilfswerke. Europa ist ein Erdteil mit einer hochentwickelten Kultur und Moral. Das ist genau das Dilemma: Dass wir Feldbetten, Notquartiere, Verpflegung und sogar ärztliche Dienste für Tausende ‚Eindringlinge' unentgeltlich zur Verfügung stellen, ist eine Höchstleitung in der Geschichte der Menschheit; das hat es noch kaum bei einer Völkerwanderung gegeben. Und trotzdem reicht es nicht zur seelischen Gesunderhaltung der Flüchtlinge aus." *Silvia* will wissen, warum das Warten eigentlich als so zermürbend empfunden wird, immerhin seien hier doch die Grundbedürfnisse gestillt. *Boris* erklärt: „Für Tiere mag das reichen, aber wir Menschen brauchen mehr! Wir möchten doch für etwas da sein, für etwas gut sein, möchten eine Perspektive haben, in die und für die es sich lohnt, Kräfte zu investieren. Denk nur an jene unvorbereiteten Rentner, die plötzlich mit einer täglichen Leere konfrontiert sind und vor lauter Langeweile krank werden! Für die Flüchtlinge war die Erreichung ihres Fluchtzieles *der* Sinn, der sie sämtliche Hindernisse hat überwinden lassen, der das Letzte an Reserven aus ihnen herausgeholt hat. Aber am Zielort hat dieser Sinn ausgedient, und ein neuer Sinn eröffnet sich ihnen nicht so schnell. Klar, sie hoffen auf ein Bleiberecht und ihre Integration, das sind Zielschimmer am fernen Horizont, nur hilft ihnen das kaum über die gegenwärtige Leere und Langweile hinweg. Die Frauen unter ihnen, die sich um ihre mitgebrachten Kinder kümmern, haben es in dieser Hinsicht vergleichsweise leichter: Sie haben wenigstens eine Aufgabe. Aber die jungen Männer, Männer wie ich ... – also ich würde durchdrehen, wenn ich endlos herumhocken und warten müsste. Ich hielte das gar nicht aus. Mich wundert, dass die Kerle relativ diszipliniert sind und nicht viel öfter aggressiv oder depressiv reagieren."

Boris hat etwas sehr Wichtiges angesprochen, etwas, das *Viktor E. Frankl* seinerzeit als „Willen zum Sinn“ bezeichnet hat. Als Menschen brauchen wir diese Ausrichtung, um seelisch gesund zu bleiben bzw. zu gesunden.

„Weil du vom Sinn sprichst, kommt mir eine Idee“, ergänzt *Silvia,* die ganz nachdenklich geworden ist. „Genaugenommen hat sich für die Aufnahmeländer der Sinn verstärkt. Denn im Grunde haben sie eine Sinnmöglichkeit dazu gewonnen; denn sie können den Fremden beistehen und versuchen, ihre Not zu lindern.“ *Boris* schaut sich im Café um, als wolle er in den Mienen der Anwesenden lesen. „Ich fürchte, das ist des Messers Schneide, die unser ‚Abendland‘ ins Wanken bringen wird“, murmelt er. „Die Schneide, die uns spalten wird. Die das Trennende über das mühsam errungene Einende setzen wird. Gewiss, eine Hälfte wird es für sinnvoll halten, die fremde Not zu lindern, doch die andere Hälfte wird es für sinnvoll halten, den eigenen Lebensstandard zu verteidigen. Zwei unvereinbare Hälften, die aufeinanderprallen, werden uns kaputtmachen …, nicht die Schutzsuchenden selbst, nicht die Unsummen an Mittel, die sie kosten … Nein, das alles wäre zu verkraften, aber das Schisma in den Auffassungen wird uns unterhöhlen. Die innere Verfeindung und die Widersprüche, die tiefen Gegensätze sind die eigentliche Gefahr, nicht die äußere Bedrohung …“ „Aber es kann doch nicht Widersprüchliches gleichzeitig sinnvoll sein?" wirft *Silvia* ein. „Nein!", sagt *Boris* entschieden. „Das kann es eben nicht. Genau besehen kann nur das Gute sinnvoll sein: Ich kann nicht irgendetwas Beliebiges tun und einfach behaupten, dass das sinnvoll ist!"

Die beiden sind zu einer wichtigen Erkenntnis gelangt: Der Sinn ist unparteiisch. Er kann nicht den einen bevorzugen und den anderen benachteiligen, sonst wäre er bloß ein *Zweck*. Bezwecken kann man vieles, und die Zwecke sind willkürlich definierbar.

„Wenn wir zwei uns jetzt aus dem Café schleichen, ohne zu bezahlen, um Geld zu sparen … – wäre das etwa sinnvoll?", fährt Boris fort. „Ich könnte meinem Chef vorspiegeln, dass ich krank bin, zu dem Zweck, ein paar Urlaubstage herauszuschinden. Aber wäre das sinnvoll? Wohl kaum …" *Boris* hat recht: Sinn ist nicht willkürlich definierbar, ist auch nicht aus dem Kalkül eines eigenen Vorteils generierbar. Er muss entdeckt, enträtselt, dechiffriert werden, er steckt in den jeweiligen Konstellationen und offenbart sich nur dem redlich suchenden Geist …

Resümierend stellt *Boris* fest: „Nein, Silvia, in der derzeitigen Flüchtlingskrise verfolgen die einen diese, die anderen jene Zwecke, aber nur *eines* ist sinnvoll, nur *eines* …"

Die beiden bezahlen ihre Rechnung und rüsten sich zum Aufbruch. Da hält *Silvia Boris* am Ärmel fest. „*Boris*, sei nicht so bedrückt", raunt sie ihm zu, „vermutlich steckt auch in den ungeheuren Umbrüchen, die wir gerade erleben, ein Sinn. Die Schere zwischen Arm und Reich auf unserer Erde klafft einfach zu weit auseinander. Das muss sich doch irgendwann ändern. Und das kann sich nur ändern, wenn die Armen reicher und die Reichen ärmer werden, oder? Vielleicht ist halt jetzt unsere Gesellschaft an der Reihe, ärmer zu werden. Das ist schon in Ordnung. Wenn Imperien wie das antike Römische Reich u. a. zerfallen sind, ist stets etwas Neues entstanden. Die riesige Flüchtlingswoge, die derzeit über uns hinwegschwappt, könnte Europa ein neues Gesicht verleihen." *Boris* schaut ein wenig skeptisch: „Ich hoffe, du hast recht." Da kommt *Silvia* eine Idee: „Weißt du was?! Du hast mir seinerzeit ein Foto mit einem Zirkusclown überreicht. Es steht auf meinem Schreibtisch und hat mir oft geholfen, zu lachen statt zu weinen. Ich werde es dir mit Dank zurückgeben. Stelle es jetzt auf *deinen* Schreibtisch und blinzele ihm zu, wann immer dich schlimme Nachrichten aus aller Welt belasten."

Boris ist so gerührt, dass er *Silvia* spontan in die Arme nimmt …

* * *

Der Dezember ist nicht der Monat, in dem es gilt, über Weihnachtspäckchen und Festtagsschmaus nachzugrübeln (wobei gegen ein liebevoll ausgedachtes, vielleicht auch nicht-materielles Geschenk nichts einzuwenden ist). Aber man darf schon fragen, ob es hierzulande eigentlich noch zeitgemäß ist, Dinge zu besorgen für Personen, die mit Dingen sowieso bestens ausgestattet sind? Und ist es noch zeitgemäß, Bleche voller Kekse zu backen für Personen, die sowieso zu dick sind? Zeitgemäß wäre ein Ruck vom Haben zum Sein. Von der Betriebsamkeit zur Meditation. Von der Raffgier zur Bescheidenheit. Von der Ignoranz zur Barmherzigkeit.

Die eingeblendeten Dialoge zwischen *Jenny* und *Ingo* bzw. zwischen *Silvia* und *Boris* sind Musterbeispiele für des Menschen Sehnsucht und Suche nach Sinn und Werten, nach vertretbaren Einstellungen und tragbaren Auffassungen. Solche Dialoge bringen uns voran bei unserer noch unabgeschlossenen Menschwerdung. Still werden, ernsthaft nachdenken, respektvoll miteinander reden, eine Kerze anzünden, einer guten Musik lauschen, und sich wieder und wieder besinnen … – *das* ist des Dezembers Würde. Besinnen worauf? Vielleicht auf die (nach *Ingos* Überzeugung nie endende) Hoffnung.

Für alle Figuren, denen wir auf unserer Reise rund um die Sonne begegnet sind, gab es Hoffnung. So irritiert, verstrickt, verzweifelt sie sein mochten, kein Fall war (wie wir „hoffentlich" einsehen gelernt haben) hoffnungslos. Kein Mensch ist ein hoffnungsloser Fall. Wenn es eine Weihnachtsbotschaft gibt, dann ist es exakt diese.

Dass das Oberhaupt der Katholischen Kirche, *Papst Franziskus,* im Dezember 2015 am Petersplatz vor Scharen von Gläubigen erklärt hat, diejenigen Länder, die (muslimische!) Flüchtlinge aufnehmen, seien besonders gesegnet, ist die Handschrift der Hoffnung. Er glaubt daran, dass die Menschheit eine einzige große Familie ist. Ist sie das? Die Hoffnung sagt: ja.

Dass das geistliche Oberhaupt der Tibeter, der *Dalai Lama,* in einem seiner auflagenintensiven Bücher[10] behauptet, dass wir eine säkulare Ethik jenseits aller Religionen heben und pflegen sollen, ist die Handschrift der Hoffnung. Er glaubt an die natürliche Veranlagung des Menschen zu Güte, Mitgefühl und Fürsorge für andere. Tragen wir diese Veranlagung in uns? Die Hoffnung sagt: ja.

Dass der mit 29 Ehrendoktoraten ausgezeichnete Psychiater und Neurologe *Viktor E. Frankl* betont hat, der Mensch sei (nur) in dem Maße Mensch, als er sich von der Transzendenz her

10 Der Appell des Dalai Lama an die Welt, Wals bei Salzburg 2015.

begreift,[11] ist die Handschrift der Hoffnung. Er glaubte, dass wir den Anruf der Transzendenz abhören in unserem persönlichen Gewissen. Tun wir das? Die Hoffnung sagt: ja.

Der Schriftsteller und Nobelpreisträger *Hermann Hesse* hat in seinem Text „Zu Weihnachten" folgendes inbrünstige Plädoyer abgegeben:

„Es ist ein merkwürdiges, doch einfaches Geheimnis der Lebensweisheit aller Zeiten, dass jede kleinste selbstlose Hingabe, jede Teilnahme, jede Liebe uns reicher macht, während jede Bemühung um Besitz und Macht uns Kräfte raubt und ärmer werden lässt. Das haben die Inder gewusst und gelehrt, und dann die weisen Griechen, und dann Jesus, dessen Fest wir jetzt feiern, und seither noch Tausende von Weisen und Dichtern, deren Werke die Zeiten überdauern, während Reiche und Könige ihrer Zeit verschollen und vergangen sind. Ihr mögt es mit Jesus halten oder mit Plato, mit Schiller oder mit Spinoza, überall ist das die letzte Weisheit, dass weder Macht noch Besitz noch Erkenntnis selig macht, sondern allein die Liebe. Jedes Selbstlossein, jeder Verzicht aus Liebe, jedes tätige Mitleid, jede Selbstentäußerung scheint ein Weggeben, ein Sichberauben und ist doch ein Reicherwerden

11 Der Wille zum Sinn, Bern 1982, 117.

und Größerwerden, und ist doch der einzige Weg, der vorwärts und aufwärts führt. Es ist ein altes Lied, und ich bin ein schlechter Sänger und Prediger, aber Wahrheiten veralten nicht und sind stets und überall wahr, ob sie nun in einer Wüste gepredigt, in einem Gedicht gesungen oder in einer Zeitung gedruckt werden."[12]

Auch das ist die Handschrift der Hoffnung. Hesse glaubte an des Menschen Fähigkeit, selbstlos zu lieben. Können wir das? Die Hoffnung sagt: ja.

Stirbt also die Hoffnung zuletzt, wie das Sprichwort besagt? Verblassen ihre Schriftzüge am letzten Tag? Wir wissen es nicht, doch soll dies unser Credo sein: dass nach dem Ablauf jeglichen Datums, wenn das letzte Kalenderblatt gefallen ist, etwas kommen wird, das mehr als „Ende" ist.

12 Kurze Prosa zu Weihnachten, zit. nach: Weihnachtswahn und Weihnachtswonnen, München 2010, 16.

Die Autorin und ihr Werk

Univ.-Prof. h. c. Dr. phil. habil. Elisabeth Lukas, geboren 1942 in Wien, ist Schülerin von Prof. Dr. Dr. Viktor E. Frankl. Als Klinische Psychologin und approbierte Psychotherapeutin spezialisierte sie sich auf die praktische Anwendung der Logotherapie, die sie methodisch weiterentwickelte. Nach 13-jähriger Tätigkeit in deutschen Erziehungs-, Familien- und Lebensberatungsstellen (neun Jahre davon in leitender Position) übernahm sie 1986 die fachliche Leitung des von ihr und ihrem Ehemann gegründeten „Süddeutschen Instituts für Logotherapie GmbH" - einem Wissenschaftsinstitut mit psychotherapeutischer Ambulanz - in Fürstenfeldbruck bei München, die sie 17 Jahre lang innehatte. Nach ihrer Rückkehr in die österreichische Heimat arbeitete sie fünf Jahre lang weiterhin als Hochschuldozentin (zuletzt als Lehrbeauftragte der Donau-Universität Krems) und war danach noch drei Jahre lang als Lehrtherapeutin und Supervisorin beim österreichischen Logotherapie-Ausbildungsinstitut ABILE tätig.
Vorträge und Vorlesungen auf Einladung von mehr als 50 Universitäten im In- und Ausland (darunter länger andauernde Lehraufträge an den Universitäten München, Innsbruck und Wien) sowie Publikationen in 18 Sprachen machten sie international bekannt. Ihr Werk ist mit der Ehrenmedaille der Santa Clara University in Kalifornien für „outstanding contributions in counseling psychology to the world community" und mit dem großen Preis des Viktor-Frankl-Fonds der Stadt Wien ausgezeichnet worden. 2014 verlieh ihr die Universität Moskau eine Ehrenprofessur.

Von Elisabeth Lukas sind seit den 1980er-Jahren - inklusive der fremdsprachigen Übersetzungen - 122 Bücher erschienen. Ein Teil davon ist bereits vergriffen. In der nachstehenden Liste sind ihre *derzeit im Buchhandel bzw. online erhältlichen deutschsprachigen Bücher* zusammengestellt (Stand 2016):

„Alles fügt sich und erfüllt sich. Logotherapie in der späten Lebensphase", Profil, München, erw. Neuauflage 2009.

„Auf dass es dir wohl ergehe. Lebenskunst fürs ganze Jahr", Kösel, München 2006.

„Auf den Stufen des Lebens. Aus dem Erfahrungsschatz einer Psychologin", E-Book, Satzweiss.com Print Web Software GmbH, Saarbrücken 2011.

„Aus Krisen gestärkt hervorgehen", Verlagsgemeinschaft topos plus, Kevelaer 2013.

„Binde deinen Karren an einen Stern. Was uns im Leben weiterbringt", Neue Stadt, München, 2. Auflage 2013 (auch als E-Book).

„Burnout adé! Engagiert und couragiert leben ohne Stress", Profil, München 2012 (auch als E-Book).

„Das Schicksal waltet - der Mensch gestaltet. Philosophie für den Alltag", Plattform Johannes Martinek Verlag, Perchtoldsdorf bei Wien, erw. 3. Auflage 2015 (auch als E-Book).

„Dein Leben ist deine Chance. Anregungen zu einer sinnvollen Lebensgestaltung", Neue Stadt, München, 3. Auflage 2012 (auch als E-Book).

„Den ersten Schritt tun. Konflikte lösen - Frieden schaffen", Kösel, München 2008 (auch als E-Book).

„Der Freude auf der Spur. Sieben Schritte, um die Seele fit zu halten", Neue Stadt, München, 3. Auflage 2013 (auch als E-Book).

„Der Schlüssel zu einem sinnvollen Leben. Die Höhenpsychologie Viktor E. Frankls", Kösel, München 2011 (auch als E-Book).

„Der Seele Heimat ist der Sinn. Logotherapie in Gleichnissen von Viktor E. Frankl", Kösel, München, 7. Auflage 2016.

„Die Kunst der Wertschätzung. Kinder ins Leben begleiten", Neue Stadt, München 2013 (auch als E-Book).

„Familienglück. Verstehen, annehmen, lieben“, Verlagsgemeinschaft topos plus, Kevelaer, 2. Auflage 2015.

„Freiheit und Geborgenheit. Süchten entrinnen, Urvertrauen gewinnen“, Profil, München, erw. 3. Auflage 2012.

„Für dich. Heilende Geschichten der Liebe“, E-Book, Random House, München 2011.

„Heute ist der erste Tag vom Rest deines Lebens. Schritte zu einer erfüllten Existenz“, E-Book, Satzweiss.com Print Web Software GmbH, Saarbrücken 2012.

„In der Trauer lebt die Liebe weiter“ mit Fotos von Rita Briese, Kösel, München, 8. Auflage 2015.

„Inspirationen für die Seele. Das geistige Erbe Viktor E. Frankls“ (1. Auflage unter dem Titel „Viktor E. Frankl. Arzt und Philosoph“), Profil, München, erw. 2. Auflage 2015.

„Konzentration und Stille. Logotherapie bei Tinnitus und chronischen Krankheiten“ mit einem Beitrag von Helmut Schaaf, Profil, München, 3. Auflage 2005.

„Lebensstil und Wohlbefinden. Seelisch gesund bleiben – Anregungen aus der Logotherapie“, Profil, München, erw. 3. Auflage 2010.

„Lehrbuch der Logotherapie. Menschenbild und Methoden“, Profil, München, erw. 4. Auflage 2014.

„Quellen sinnvollen Lebens. Woraus wir Kraft schöpfen können“, Neue Stadt, München 2014 (auch als E-Book).

„Rendezvous mit dem Leben. Ermutigungen für die Zukunft“, Verlagsgemeinschaft topos plus, Kevelaer 2015.

„Sehnsucht nach Sinn. Logotherapeutische Antworten auf existentielle Fragen“, Profil, München, 3. Auflage 2004.

„Sinnzentrierte Psychotherapie. Die Logotherapie von Viktor E. Frankl in Theorie und Praxis“, gemeinsam mit Koautorin Heidi Schönfeld, Profil, München 2016.

„Spannendes Leben. In der Spannung zwischen Sein und Sollen – ein Logotherapiebuch", Profil, München, erw. 4. Auflage 2014.

„Verlust und Gewinn. Logotherapie bei Beziehungskrisen und Abschiedsschmerz", Profil, München, erw. 2. Auflage 2007.

„Vom Sinn des Augenblicks. Hinführung zu einem erfüllten Leben", Verlagsgemeinschaft topos plus, Kevelaer 2014.

„Vom Sinn getragen. Ein Leben für die Logotherapie", Kösel, München 2012 (auch als E-Book).

„Von der Angst zum Seelenfrieden", gemeinsam mit Koautor Reinhardt Wurzel, Neue Stadt, München 2015.

„Was das Leben wertvoll macht. Impulse einer spirituellen Psychologie", Verlagsgemeinschaft topos plus, Kevelaer 2014.

„Was du mir bedeutest. Für einen lieben Menschen", Verlagsgemeinschaft topos plus, Kevelaer 2016.

„Wertfülle und Lebensfreude. Logotherapie bei Depressionen und Sinnkrisen", Profil, München, erw. 4. Auflage 2011.

CDs:

24 CDs/DVDs mit Vorträgen von Elisabeth Lukas sind beim „Auditorium Netzwerk", Verlag für Audio-visuelle Medien (Hebelstraße 47, D-79379 Müllheim/Baden) erhältlich.

Die CD „Ermutigungen für die Zukunft" ist erhältlich über: www.elisabeth-lukas-archiv.de

Die CD/DVD mit der Live-Rundfunksendung in der „Reihe Lebenshilfe" zum Thema: „Rendezvous mit dem Leben – wie wir unseren Ängsten trotzen und das Leben meistern können" ist bei Glässing-media (Oststraße 12 A, D-87527 Sonthofen) erhältlich.

Quellennachweis zu den Gedichten von Elli Michler

S. 15: Elli Michler, Jeder Tag ist Brückenschlag, © Don Bosco, München 1998.
S. 43: Elli Michler, Alles wandelt die Zeit, © Don Bosco, München 2002.
S. 73: Elli Michler, Ich wünsche dir Zeit, zu dir selber zu finden, Verlagsgemeinschaft topos plus, Kevelaer 2016, © Don Bosco, München 2016.
S. 97: Elli Michler, Die Liebe wird bleiben, © Don Bosco, München, 3. Aufl. 2012.
S. 123: Elli Michler, Dank, © Don Bosco, München 2006.
S. 143: Elli Michler, Für leisere Stunden, © Don Bosco, München, 4. Aufl. 1999.
S. 165: Elli Michler, Ich wünsche dir Zeit, zu dir selber zu finden, Verlagsgemeinschaft topos plus, Kevelaer 2016, © Don Bosco, München 2016.
S. 193: Elli Michler, Danke für die Zeit zum Leben, © Don Bosco, München, 2. Aufl. 2005.
S. 215: Elli Michler, Ich wünsche dir Zeit für ein glückliches Leben, © Don Bosco, München 2011.
S. 237: Elli Michler, Dank, © Don Bosco, München 2006.
S. 259: Elli Michler, Dank, © Don Bosco, München 2006.
S. 283: Elli Michler, Ich wünsche dir Zeit für ein glückliches Leben, © Don Bosco, München 2011.